Günther Bloch · Peter A. Dettling

Auge in Auge mit dem Wolf

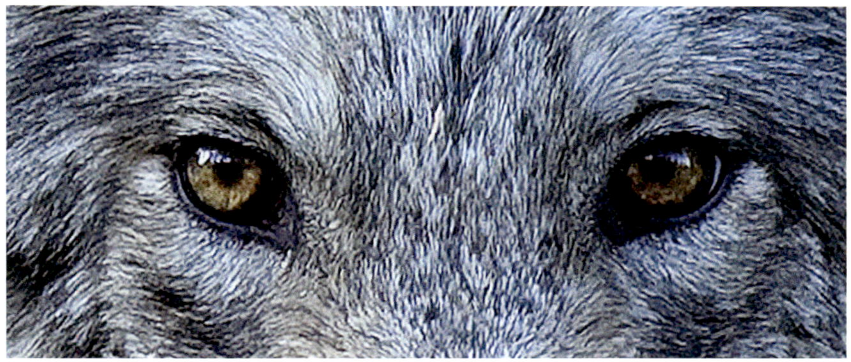

In Zusammenarbeit mit
Paul Paquet** und **Mike Gibeau

„Dieses Buch ist allen Timberwölfen gewidmet, die wir die Ehre hatten, im Laufe der Jahre in Banff näher kennenzulernen."

KOSMOS

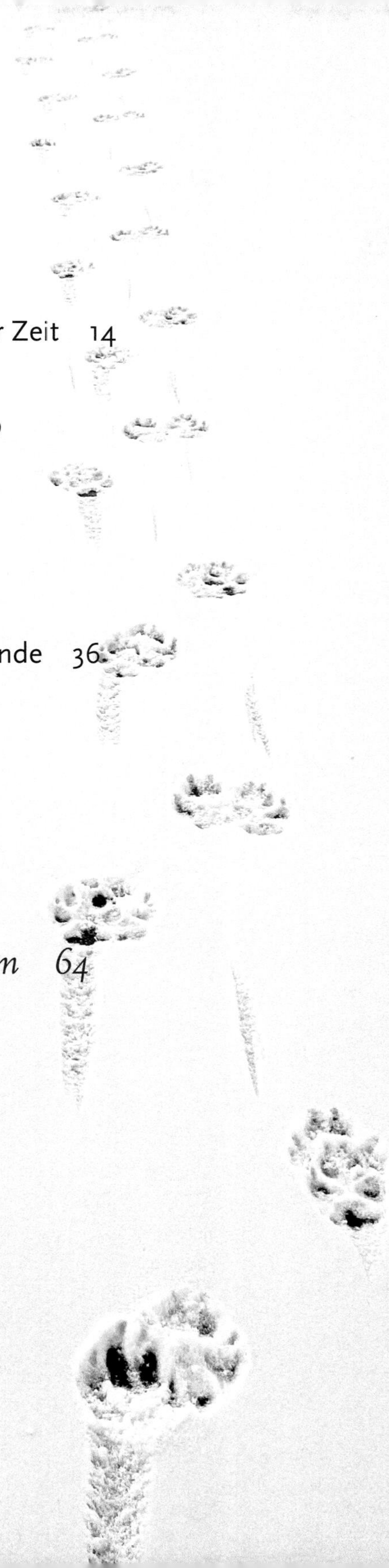

Zu diesem Buch 8

Die Rückkehr des Wolfes 12

Einstellung zu Beutegreifern im Wandel der Zeit 14

Banff's Pioniere der Feldforschung 20

Die Wölfe des Bowtals 22

Eigene Verhaltensstudien im Banff Nationalpark 34

Zusammentreffen mit einer lebenden Legende 36

Sommer 1992 – Den Wölfen ganz nah 37

Die Jahre 1993 bis 1995 – Zusammenschluss zweier Familien 42

Die Jahre 1996 bis 1999 – Auf den Spuren der Bows 54

Die Bowtal-Wölfe im neuen Millennium 64

Die Jahre 2000 bis 2002 – Tage großer Emotionen 66

Das Jahr 2003 – Ende einer Illusion 90

Die Jahre 2004/2005 – Zwischen Hoffen und Bangen 97

Das Jahr 2005 – Nanuk und das Recht auf Respekt 102

Das Jahr 2006 – Hier kommt Delinda-Superstar 106

Winter 2006/2007 – Vorbereitung aufs Leben 110

Sommer 2007 – Neuer Nachwuchs bei den Bows 113

Winter 2007/2008 – Delinda sorgt für Ordnung 116

Ein Morgen unterwegs mit den Bows 122

Das Jahr 2008 – Abschied von einer unvergessenen Wölfin 130

Begegnungen mit anderen Tierarten 136

Begegnungen mit Bären 138

Begegnungen mit Pumas 152

Begegnungen mit Kojoten 153

Begegnungen mit Raben 154

Begegnungen mit Menschen 156

Ein Blick in die Zukunft 160

Ein Wort zur Wolfsfotografie 162

Wolfs-Patenschaften 164

Tabellenanhang 166

Literatur 172

Danke 175

Impressum 176

Autor

Günther Bloch wurde am 9. März 1953 in Köln geboren. Der gelernte Reisebürokaufmann gründete im Jahr 1977 die Hunde-Farm „Eifel“, ein Kaniden-Verhaltenszentrum, das bis heute aus einer Forschungsabteilung, Hundeschule und Pension besteht. Nach Abschluss diverser Verhaltenseinsichten in das Verhaltensinventar von Gehegewolf-Familien (Wolf-Park/USA) und Mischlingsverbänden anderer Kanidenformen (Trumler-Station), gründete Günther Bloch zusammen mit Elli Radinger die „Gesellschaft zum Schutz der Wölfe e.V.“. Als dessen Geschäftsführer leitete er jahrelang ein Herdenschutzhunde- und Telemetrieprojekt an frei lebenden Wölfen in der Slowakei. Seit 1992 führt er in Zusammenarbeit mit Paul Paquet und Mike Gibeau hauptsächlich im BNP Verhaltensforschungen an Timberwölfen durch. Seit 1999 findet seine alle 3 Jahre stattfindende Kongressreihe „International Symposium On Canids“ großen Zuspruch. Zwischen 2005 und 2007 studierte er im Rahmen seines „Tuscany Dog Projektes“ das Sozialverhalten verwilderter Haushundegruppen in Italien. Bei seinen Freilandbeobachtungen vertraut Günther Bloch seit 12 Jahren auf die Sinnesleistungen von „Jasper“. Der Laika-Rüde kennt sozusagen persönlich sämtliche Wolfsindividuen.

Fotograf

Peter A. Dettling wurde am 15. Oktober 1972 in Sedrun in der Schweiz geboren. Seine Leidenschaft für die Naturfotografie und -malerei brachte ihn um den ganzen Globus, von den Galapagos-Inseln bis nach Alaska, von der kanadischen Westküste bis in den hohen Norden Skandinaviens. Im Mittelpunkt seiner Arbeit, die mehrfach international ausgezeichnet wurde, steht die Beziehung Mensch-Natur, allen voran Beutegreifer wie Wolf und Bär. Seine Fotos erscheinen regelmäßig in Büchern, Kalendern und in bekannten Magazinen wie NaturFoto, Terra oder Canadian Geographic, seine Arbeiten wurden in renommierten Museen wie dem American Museum of Natural History in New York oder dem Smithsonian National Museum of Natural History in Washington D.C. ausgestellt. Zudem kann man seine Bilder in der „Gallaria Caschlè“ in Sedrun/GR, Schweiz in einer Dauerausstellung sehen (www.sedrungallaria.ch). Peter lebt seit 2002 in Kanada. Er arbeitet mit angesehenen Naturschutzorganisationen wie dem WWF zusammen. *www.TerraMagica.ca*

In Zusammenarbeit mit

Dr. Paul Paquet ist ein international anerkannter Fachmann auf dem Gebiet von Beutegreifern, speziell von Wölfen. Lange Zeit arbeitete er als Biologe für den Canadian Wildlife Service (einer Institution, die sich für die Wildtiere Kanadas einsetzt), heute ist er leitender Ökologe beim Conservation Biology Institute (der kanadischen Gesellschaft für Naturschutzbiologie) und der Raincoast Conservation Foundation (einer Stiftung, die sich dem Schutz der Tiere der Küstenregionen verschrieben hat). Er arbeitet als Berater und hält Vorträge auf der ganzen Welt. Dr. Paquet ist langjähriges Mitglied beim WWF-Kanada, zudem ist er einer der Gründer des World Wide Fund For Nature. Ebenso war er Mitbegründer der Large Carnivore Initiative for Europe (eines Arbeitskreises, der sich mit den Beutegreifern Europas befasst). Dr. Paquet ist außerplanmäßiger Professor für Umweltgestaltung an der Universität Calgary, wo er studentische Forschungsarbeiten betreut. Er ist Mitglied mehrerer Berater- und Gutachterkomitees von Regierung, Industrie sowie nichtstaatlicher Organisationen, welche sich um den Schutz von Beutegreifern kümmern.

Dr. Mike Gibeau ist Beutegreifer-Experte bei Parks Canada (einer kanadischen Regierungsbehörde, der 42 Nationalparks unterstehen) und außerplanmäßiger Professor im Bereich Geographie an der Universität Calgary. Er besitzt umfassende Kenntnisse im Umgang mit Beutegreifern sowie von deren Ökologie; so hat er mit Koyoten, Wölfen, Schwarz- und Grizzlybären gearbeitet und ein Jahrzehnt lang den Einfluss des Menschen auf Grizzlybären untersucht. Zur Zeit ist er insbesondere damit befasst, den Schutz der Grizzlys in den Gebirgsnationalparks zu organisieren. Außerdem berät er Entscheidungsträger hinsichtlich des Umgangs mit Beutegreifern in den Kanadischen Rocky Mountains. Mike Gibeau beschäftigt sich nicht nur mit der Biologie der Beutegreifer, ihm ist vor allem an interdisziplinären Problemlösungen gelegen. Sein Augenmerk gilt auch den sozialen Auswirkungen, die der Schutz von Beutegreifern hat, sowie der Verbindung zwischen Wissenschaft und Politik. Sein Schwerpunkt ist es, neuartige Schutzmaßnahmen zu etablieren. Mike Gibeau hat den Magister der Naturwissenschaften der Universität Montana in Wildbiologie und ist Doktor der Naturschutzbiologie der Universität Calgary. Fast 30 Jahre lang hat er in kanadischen Nationalparks gearbeitet, erst als Park-Ranger und heute als Biologe.

Zum Geleit

„Auge in Auge mit dem Wolf" basiert auf einer Langzeitstudie von über 20 Jahren an frei lebenden Wölfen im Bowtal des Banff NP. Günthers geduldige, zeitraubende und sanfte Observationsmethoden ergeben unvergleichliche, tiefe und wertvolle Einblicke in das Verhalten der Wölfe in freier Wildbahn. Ganz im Gegensatz zu den sonst oft aufdringlichen wissenschaftlich gebräuchlichen Methoden, welche für die Studie an frei lebenden Wölfen praktiziert werden.
Ein Großteil der Forschung und Ansichten in diesem Buch, wurde inspiriert durch meinen guten Freund Erik Zimen, dessen Arbeit Günther zutiefst bewundert. Obwohl Erik und Günther oft verschiedene Ansichten über Details von Kanidenverhalten und den Schutz von Wölfen hatten, so war ihr gegenseitiger Respekt sprichwörtlich. Ich bin mir sicher, dass Erik von diesem Buch begeistert wäre.

Gleichwertig beeindruckend sind die Bilder, welche den Text untermalen. Peters Bilder sind von solch einer Aussagekraft, dass man gedanklich direkt ins Geschehen des Bowtals versetzt wird – wie ein Kind, das staunend mit großen Augen in ein unbekanntes, märchenhaftes Gebiet vordringt. Die meisten Bilder sind nicht nur ästhetisch hervorragend, sondern beschreiben auch visuell herausragend das Wolfsverhalten, welches im Text dargestellt wird. Einige Fotos sind schlichtweg einzigartig, allen voran die Sequenzen, in denen die Wölfe dem Grizzly-Bären begegnen.

Wölfe haben, nach einer Abwesenheit von mehr als 30 Jahren, das Bowtal Mitte der 80er Jahre wieder zurückerobert. Dies war im 20sten Jahrhundert bereits der dritte Versuch, im Banff Nationalpark Fuß zu fassen. Eine klare Demonstration für die Hartnäckigkeit und den Charakter dieser Spezies. Doch auf jedes Wiederaufbäumen der Wolfspopulation, folgte eine geplante Eliminierung (Tötung) von Wölfen durch den Menschen. Alles im Namen des angeblich notwendigen Schutzes vor Tollwut, oder zum Schutz der Huftiere (wie Elche oder Hirsche) vor dem „nimmersatten" Wolf. Ein Auftrag, welcher von Staatsangestellten akribisch genau ausgeführt wurde. Diese deprimierende Wolf-Mensch-Beziehung, welche aus der Sicht der Wölfe verheerend ist, bildet das Fundament dieser so einfühlsamen und zugleich informativen Geschichte.

Der Ort des Geschehens ist, man muss dies besonders betonen, der Banff Nationalpark, Kanadas ältester und wohl bekanntester Nationalpark. Das Kronjuwel des Kanadischen Parksystems. Ein Ort, welcher fälschlicherweise von vielen Leuten als verlässlicher Zufluchtsort für Tiere, vor der Zerstörungswut des Menschen, angesehen wird. Wie der Leser jedoch bald erfahren wird, hat man aus der Vergangenheit nicht viel gelernt. Die Bedürfnisse der Wölfe, welche im Bowtal ihr Zuhause haben, wird mehr und mehr durch die egoistischen Bedürfnisse unserer Spaßgesellschaft sprichwörtlich platt gewalzt. Es ist bereits so weit gekommen, dass Wölfe eher in einem „Wildnis-Ghetto" zurechtkommen müssen, welches größtenteils vom Menschen dominiert wird. Dementsprechend sind die Überlebenschancen jedes einzelnen Wolfes nur gering, die von Wolfsfamilien kurzlebig.

Trotz allem, einige wenige Wölfe überleben und einige Wolfsfamilien finden einen Weg, mit den von Menschen ausgehenden Gefahren zurechtzukommen. Doch wie, dies ist die entscheidende Frage? Die Antwort ist wichtig, denn überall auf der Welt sind Wölfe mit denselben oder ähnlichen Problemen konfrontiert. Immer mehr unberührte Natur verschwindet vor ihren Augen. Eine Antwort auf dieses offensichtliche Problem zu finden, ist aber nicht einfach. Wölfe, welche in Bergregionen und Wäldern leben, sind oft sehr misstrauisch und kaum sichtbar. Technologie, wie Radiohalsbänder oder Kamerafallen haben mitgeholfen, einige ökologische Einsichten zu erhaschen. Jedoch blieben bisher die wichtigen intimen Details des Familienlebens, welche das Kernstück für soziales Gruppenverhalten bilden, verborgen. Solche kann man nur durch direkte Observationen gewinnen. Ein Glück für uns alle, die wir die Wölfe lieben, bilden genau diese Einsichten das Herzstück dieses Buches. Günther und Peter offerieren uns Einblicke, welche aufzeigen, wie Wölfe mit den durch uns Menschen verursachten Störungen zurechtzukommen versuchen.

Das Buch beschreibt das soziale Miteinander mehrerer Wolfsfamilien, welche im Bowtal leben oder gelebt haben, mit dem Fokus auf einflussreiche Einzelindividuen. Die Hauptbotschaft ist, dass Wölfe nicht gefühllose Killer sind. Wölfe sind Individualisten, einzigartig in ihrem Verhalten und in ihren Gepflogenheiten. Die Aktionen und Traditionen von Wolfsfamilien reflektieren das kollektive Zusammenspiel verschiedener Individuen. Menschen könnten vieles über sich selbst lernen, würden sie das wölfische Leben nur genauer betrachten und versuchen, es zu verstehen.

Viele Aspekte werden im Buch in Wort und Bild dargestellt. Eine der wichtigsten Feststellungen ist, dass die soziale Organisation von Wolfsfamilien nicht die weit verbreitete Ansicht einer rigoros hierarchischen Hackordnung reflektiert. Eine strikt lineare Sozialrangordnung war nicht nachweisbar, da auch dominanzbezogene Interaktionen häufig zwischen Männchen und Weibchen stattfanden. Der soziale Status eines Individuums war nicht vom Geschlecht abhängig, wie verschiedene weibliche Mitglieder eindeutig zeigten. Oft waren es sogar diese, die als führende Entscheidungsträgerinnen der Wolfsfamilien in Erscheinung traten. Welpen wurden unter den „traditionellen und kulturellen" Umweltbedingungen ihrer Eltern aufgezogen und amten deren Verhaltensmuster nach. Zusätzlich wurde dokumentiert, dass dominante Wölfe nicht immer als erste an der erlegten Beute fraßen, sondern häufig Jüngeren und untergeordneten Mitgliedern den Vortritt ließen.

Lobenswerterweise haben sich Günther und seine Frau Karin in all den Jahren dafür eingesetzt, einen Schritt weiter zu gehen als die meisten Wissenschaftler es wagen, nämlich die Beschreibung und Interpretation von Wolfsverhalten mit deren Gefühlswelt in Verbindung zu bringen. Ironischerweise ist dieses Buch gerade im Hinblick darauf herausragend. Günther erinnert uns freundlich aber bestimmt daran, dass die Bowtal-Wölfe oft Emotionen wie Freude, Kummer, Leid, Trauer oder Uneigennützigkeit zeigen. So wurden verletzte Tiere niemals im Stich gelassen, sondern von ihren Familienmitgliedern in Form einer uneigennützigen, sozialen Unterstützung und Nahrungsbeschaffung gepflegt. Hier straft uns Günther für unsere Arroganz freundlich ab.

Wo manch einer behaupten möchte, dass solches Verhalten ausschließlich uns Menschen vorbehalten ist, den lehren die Wölfe das Gegenteil. Und wem die aufgeführten Argumente von Günther nicht ausreichen, den werden die kraftvollen und atemberaubenden Bilder den letzten Zweifel rauben. Der Leser kann sich von den gezeigten Emotionen in den Bildern selbst überzeugen.

Die Bowtal-Wölfe haben in Günther und Peter wahre Freunde gefunden. Nachdem die Wölfe ihre Geheimnisse und ihr Leben offenbart haben, sind sie darauf angewiesen, dass Günther und Peter ihre Geschichte der Welt erzählen. Es ist zu hoffen, dass ihre Geschichte mithilft, die Welt der Wölfe (und unsere) ein wenig zu verbessern. Aus meiner Sicht hätten sie sich dafür keine besseren Vertreter wünschen können.

Dieses Buch ist ein ergreifender Aufruf an uns alle, um den Bowtal-Wölfen ein Leben ohne von uns Menschen verursachten Tragödien zu ermöglichen. Etwas, das alle empfindungsfähigen Lebewesen verdienen! Wenn dies nicht innerhalb der Grenzen eines Nationalparks geschehen kann, wo sonst?

Paul Paquet,
Spezialist für Beutegreifer und Professor an der Universität Calgary

Zu diesem Buch

Der Wolf im Fadenkreuz seiner Gegner
Wann und wo auch immer von ihm die Rede ist, schlagen die Wellen der Emotionalität hoch. Die Gemüter erhitzen sich. Kontroverse Diskussionen bleiben nicht aus. Öffentlich ausgetragene Meinungsverschiedenheiten und extreme Verhaltensansichten von polternden Populisten sind unübersehbar. Viele sehen in *Canis lupus* einen lästigen Nahrungskonkurrenten. Das Wort von der menschenfressenden Bestie macht die Runde – einer Bestie, die nichts taugt und die es ohne Wenn und Aber gnadenlos zu verfolgen gilt. Darum verwundert es nicht, wenn sich jene Demagogenkreise nach wie vor großen Zulaufs erfreuen, deren unumstößliche Faustregel lautet: „Nur ein toter Wolf ist ein guter Wolf". Entgegen aller Regeln der brandaktuellen Verhaltensbiologie rennt man aus Prinzip lieber mit unkorrekten Parolen gegen die nicht relevant-erscheinende Konsenspolitik zur Vernunft neigender Menschen an. So wie der gemeine Wolfshasser immer ein bisschen anders ist, als der Befürworter von Beutegreifern, so sind auch deren Grundsatzüberzeugungen anders.

Der wolfsverachtende Fraktionsvertreter schwört seit Jahr und Tag, Ausrottungsfeldzüge seien dringend erforderlich, um das Aussterben von Huftierbeständen durch den nimmersatten Wolf gerade noch verhindern zu können. Indes fehlt es den plump vorgetragenen Argumentationen dieser Lobbyisten an fast allem – an handfesten Beweisen und vor allem an Erinnerungsvermögen. War und ist es nicht der zur totalen Ignoranz neigende Mensch, der, von der Antarktis einmal abgesehen, auf allen Kontinenten unserer Erde ganze Wildtierpopulationen vernichtet?

Dass der Mensch bis zum heutigen Tag als Heger und Pfleger der Natur vielerorts versagt hat, ist ebenfalls kein Geheimnis. Denn selbst der notorische Beutegreiferkritiker kommt bei realistischer Betrachtung nicht umhin zuzugeben: Bestandsentwicklungen von Rotwild, Elch oder Karibu sind, völlig unabhängig der Präsenz des Wolfes, deutlichen Schwankungen unterworfen! De facto fehlt dem Mensch schlicht die geistige Kapazität, die Komplexität eines Lebensraums jemals zu begreifen. Eine Kröte, die noch längst nicht jeder bereit ist zu schlucken...

In Nationalparks, in denen Beutegreifer aufgrund geltender Schutzbestimmungen die Inszenierungshoheit über das Leben potenzieller Beutetiere für sich alleine beanspruchen dürfen, fungieren sie als integraler Bestandteil eines funktionalen Ökosystems. Hier, oder in Naturreservaten, ist es bis heute trotz (oder gerade wegen) der Präsenz von Wolf, Luchs, Puma oder Bär noch nie zum Aussterben einer Wildtierspezies gekommen. Da, wo der Mensch nicht jagt, wo kein „Wildlife-Management" unnatürlich hohe Wildbestände durch unsinnige Beutegreiferkontrollmaßnahmen kreiert, wo sich Natur ohne Eingriff entfalten darf, währt das Beutegreifer-Beute-System auch langfristig.

Die Verherrlichung des Wolfes
Argumentativ auf halbem Weg stehen zu bleiben und taktisch einseitig zu rudern, macht für mich keinen Sinn. Deshalb gilt es auch, das andere Extrem beim Namen zu nennen. Anhänger der romantisch-verklärten Lebensphilosophie schätzen generell jeden Wolf über alle Maßen. Sie setzen ihn ziemlich ungeniert mit Engeln gleich und kommen oftmals zu total albernen Schlussfolgerungen. Dabei muss es sich noch nicht einmal um bösen Willen handeln. Denn viele, die sich argumentativ eher unbeholfen verhalten, beschäftigen sich nicht mit verhaltensökologischer Literatur. Wandlungsfähigkeit ist für sie ein Unwort. Wolfsromantiker leugnen beispielsweise vehement jegliche Existenz eines „Surplus-Killing". Dabei ist längst bewiesen, dass Wölfe mitunter mehr Beutetiere töten als sie fressen können. Das geschieht aber mitnichten aus Blutrünstigkeit. Zumeist handelt es sich um eine „automatisierte" Aktivierung des Beutefangfunktionskreises in Beantwortung auf mannigfaltige Flucht-Schemata. „Surplus-Killing" steht mitunter auch im Kontext menschlicher Präsenz. Wird ein Beutegreifer beim Konsumieren seiner Beute gestört, ist es gezwungen, erneut zu töten.

20 Jahre unterwegs mit Timberwölfen
Wie Sie, lieber Leser, noch erfahren werden, ist selbst in einem Schutzgebiet längst nicht alles Gold was glänzt. Insofern ist es an der Zeit, einen vorurteilsfreien, aber dennoch öffentlichkeitswirksamen Blick auf die tatsächlichen Geschehnisse der letzten 20 Jahre

zu werfen. In einer Langzeitstudie haben wir im zirka 6.600 km² umfassenden Banff Nationalpark, dem Reich des Timberwolfes, seit 1987 allerlei Fakten zusammengetragen. Auf den Punkt gebracht: Wir, das sind meine Frau Karin und ich, der Naturfotograf Peter A. Dettling sowie die Wissenschaftler Paul Paquet und Mike Gibeau. Doch welche brisante Überraschung birgt dieses Buch, wo der „große Graue" doch gemeinhin als best studiertes Säugetier der Welt gilt?

Noch vor Jahren glaubten wir, es sei nicht machbar, unter Freilandbedingungen nahe bei Wölfen zu sein, sie individuell zu unterscheiden und ihr Familienleben genau zu ergründen. Heute wissen wir, dass dies, trotz ihrer hohen Mobilität und natürlichen Scheu, auch in freier Wildbahn möglich ist. Den wichtigsten Auftrag unseres Mühens sehen wir in der Sammlung von Lebensdaten und in der systematischen Dekodierung des diffizilen Interaktions- und Kommunikationsverhaltens des Wolfes. Auf unserem langen Weg der Wissensvermehrung, der endlos scheint und niemals abgeschlossen sein wird, gilt es eine verantwortliche Balance zu finden. Irgendwie muss sich in unseren Köpfen die Idee verfangen haben, tiefe Einblicke in das Alltagsleben unserer Studienobjekte zu erhalten, ohne sie nennenswert zu stören. Diesem Grundsatz fühlten wir uns von Anfang an verpflichtet. Was nutzt es, eine Auflistung von Bewegungsprofilen flüchtender Tiere zu erstellen? Was bringt so etwas? Nichts. Die im Mittelpunkt dieses Buches stehenden Fotos spiegeln denn auch ein repräsentatives Gesamtbild natürlichen Wolfsverhaltens wieder.

Gehegeforschung und Freilandstudien im Vergleich

Obwohl wir über Jahrzehnte hinweg viel zum Thema Verhaltensbiologie, stammesgeschichtliche Wolf-Hund-Vergleiche und vor allem Rudelstruktur gelernt haben, streitet man sich in der Hundeszene nach wie vor um Verhaltensfragen. Wie konnte das passieren? Vielleicht liegt es daran, dass zirka 80% aller aktuell vorliegenden Veröffentlichungen auf Erkenntnissen aus Gehegeobservationen basieren. Freilandverhaltensstudien sind hingegen bis heute selten. Was man in der Ethologie bislang der Norm entsprechend unter „wolfstypischem Verhalten" verstand, entpuppt sich bei näherem Hinsehen als höchst diskussionswürdig. Wenn wir unterschiedlich strukturierte Gruppengefüge als Anpassung an ökologische Zwangs-

läufigkeiten akzeptieren, müssen Tabuzonen fallen, die wir bisher zur Bewertung wölfischen Verhaltens akzeptiert haben. Auffällig in diesem Zusammenhang: Im Gegensatz zu den Gehegewölfen, verlässt ein großer Teil des selbstständig gewordenen Nachwuchses seine Eltern in freier Wildbahn beizeiten. Ein deutlich reduziertes Aggressionsverhalten ist die Folge, besonders in der Paarungszeit. Beim Zusammentreffen von Gruppenmitgliedern geht es unter Berücksichtigung aller taktischen Winkelzüge und individueller Statusbekundungen eher friedlich zu. Dies hat unter anderem viel mit der Notwendigkeit zur Energieeinteilung zu tun, die für Gehegetiere kaum eine Rolle spielt.

Betrachtung aus unterschiedlichen Perspektiven

Eines kann man mit Fug und Recht behaupten: Nur langfristige Recherchen sowie detaillierte Verhaltensdokumentationen führen auch zu wirklich neuen Einsichten. Ein Verzicht auf Verallgemeinerungen und Plattitüden ist am ehesten gewährleistet, wenn, wie in diesem Fall konzeptionell umgesetzt, mehrere Autoren mit unterschiedlichen Ansätzen und transparenten Aussagen gemeinsam das Leben der Timberwölfe beleuchten. Der Schwerpunkt des Buchinhaltes basiert auf direkten Verhaltensbeobachtungen. Viele Nordamerikaner stufen den Wolf in erster Linie als Indikator und Gradmesser für intakte Wildnis ein. In Europa, wo unberührte Landschaftsgebiete seltenen Juwelen gleichkommen, leben große Beutegreifer längst als Kulturlandbewohner. Die bemerkenswerte Anpassungsfähigkeit des Wolfes geht in Deutschland sogar noch weiter. Das erste aus dem Nachbarland Polen einwandernde Reproduktionspaar besiedelte schon vor über zehn Jahren ausgerechnet ein Militärsperrgebiet. Seitdem hat man sich hier bestens eingerichtet, Jahr für Jahr einen Wurf Welpen aufgezogen und so in unmittelbarer Nähe des Menschen zur stetigen Erhöhung des Bestandes beigetragen. Die Wandlung vom Großwildjäger in menschenleeren Weiten zum flexiblen Kulturfolger weckt nicht nur Erinnerungen an mein Geburtsland, sondern passt auch bestens ins Gesamterscheinungsbild unseres Untersuchungsgebietes.

Der einseitige Kampf um die Restauration ehemals großflächig verlorengegangener Naturflächen erscheint angesichts der europäisch anmutenden Infrastruktur im Bowtal des Banff Nationalparks wenig erfolgversprechend. Habitatverlust zwingt Wildtiere zum Umdenken. Auch darüber gilt es zu berichten. Offizielle Stellen bezweifeln nicht, dass realistisch betrachtet, man „besondere Wölfe brauche", die einerseits mit der Existenz wahrer Menschenhorden zurechtkommen, auf der anderen Seite aber möglichst unsichtbar sein sollen. Demzufolge gibt es nicht nur einen Disput in der Bewertung und Gewichtung der Begriffsdefinition „Habituation" im Vergleich zu „Adaption". Unterschiedliche Standpunkte ergeben sich auch hinsichtlich des Einsatzes „aversiver Konditionierungswerkzeuge" zur Verhaltenskorrektur von Wildtieren. Ob deren Gebrauch gerechtfertigt ist und zur langfristigen Lösung tatsächlich vorhandener Probleme beiträgt, gilt es zu hinterfragen. Am Ende profitiert der Leser von der Meinungsvielfalt, die, so hoffen wir, in diesem Buch zum Ausdruck kommt.

Auszüge aus den in 20 Jahren sorgsam zusammengetragenen Untersuchungsergebnissen (die „harten Daten"), haben wir im Anhang zusammengefasst. Da es sich um einen Bildband und kein wissenschaftliches Fachbuch handelt, sind Tabellen und Verhaltensbeschreibungen beispielhaft zu verstehen. Um den „Kern der Dinge" nachhaltiger ins rechte Licht zu rücken, um wichtige Verhaltensprotokolle unter Einbeziehung der kognitiven Ethologie besser zu illustrieren und den beziehungsrelevanten Erkenntnissen sozialer Zusammenhänge mehr Kontur zu verschaffen, enthalten die Bildunterschriften bewusst viele Zusatzinformationen.

Manche Feldforscher favorisieren neuerdings Vereinbarungsbeschlüsse, die vorgeben, man möge bei der individuellen Identifikation eines Tieres zur Vermeidung „emotionaler Verbundenheit" grundsätzlich auf eine Namensgebung verzichten. Wir halten die strikte Nummerierung von Tieren jedoch aus Gründen der „Versachlichung" für wenig überzeugend und lehnen diesen Alternativvorschlag in doppelter Hinsicht ab: Gemeinhin stattet man nur Produkte mit Nummern aus. Wo bleibt der Respekt vor dem Mitgeschöpf? Ebenso wenig sind wir bereit, die generelle Existenz eines Gefühlslebens bei Tieren zu leugnen. Das mag tun wer will, lieben wer will. Der aktuelle Stand der Ethologie hat sich erfreulicherweise längst weiterentwickelt. Jeder Wolf ist unzweifelhaft in der Lage, sich in die Gestimmtheit anderer Gruppenmitglieder zu versetzen und entwickelt einen unverwechselbaren Charakter. Insofern soll der Leser jedes von uns begleitete Individuum auch per Namen kennenlernen. In diesem Sinn...

Günther Bloch und Peter A. Dettling,
Dezember 2008

Die Rückkehr des Wolfes

Der Wolf hat, wie fast kein anderes Tier, unter dem arroganten Verhalten des Menschen gelitten.
Das Bild von der nimmersatten Bestie dominierte über Jahrhunderte. Die europäischen Siedler haben dieses negative Bild in alle Ecken der nördlichen Erdhalbkugel verbreitet. Die Bestandszahlen der Tierwelt des Bowtals blieben so lange stabil, bis die ersten weißen Trapper in der Mitte des 18. Jahrhunderts auftauchten, exzessiven Fellhandel mit den vor Ort lebenden Natives betrieben und, nach Fertigstellung der Eisenbahntrasse durch die östlichen Rocky Mountains zu den heißen Quellen nahe Banff, die ersten Touristen brachten.

Einstellung zu Beutegreifern im Wandel der Zeit

Die in den kanadischen Rocky Mountains gelegenen und miteinander verbundenen Nationalparks Jasper, Yoho, Kootenay und Banff sind zweifelsohne weltberühmt. Aufgrund ihrer atemberaubenden Schönheit erklärte die UNESCO das gesamte Gebiet von über 20.000 km^2 zum Weltnaturerbe. Der 1885 gegründete Banff Nationalpark (kurz: BNP) fungiert heute vor allem als „geschütztes" Rückzugsrefugium für große Beutegreifer wie Grizzly (*Ursus arctos*), Schwarzbär (*Ursus americanus*), Puma (*Felis concolor*), Luchs (*Lynx canadensis*), Vielfraß (*Gulo gulo*) und Wolf (*Canis lupus*). Das war nicht immer so. Noch im Jahr 1952 führte man wegen eines Tollwutausbruchs bei Rotfüchsen (*Vulpes vulpes*) und Kojoten (*Canis latrans*) in der Provinz Alberta, auch in Nationalparks allgemeine „Raubtierkontrollmaßnahmen" durch. 1953 schätzte man beispielsweise den Bestand an Wölfen in Banff gerade einmal auf 15 Individuen. Obwohl das Kontrollprogramm im Jahr 1959 endgültig eingestellt wurde, dauerte es laut den Ausführungen von G. Holroyd & K. Van Tighem (1983) bis 1980, um einen ersten Reproduktionsnachweis von Wölfen in Banff zu erhalten. Ab 1983 galt ihr Bestand als relativ stabil, den D. Mickle (1986) im Winter 1984/85 mit 25 bis 30 Individuen angab.

Etwa zur gleichen Zeit besiedelte der Wolf langsam aber sicher auch unser späteres Untersuchungsgebiet (siehe Anhang). Jenes berühmt-berüchtigte Bowtal, in dem der Mensch fast überall präsent ist, war denn auch die letzte Tiefebene des Parks, in die der Wolf trotz hohen Beutetierbestandes einwanderte (Banff Bow Valley Study, 1995). Da sich Verhalten immer durch ständige Interaktion von Genen und Umwelt entwickelt, musste der beziehungsorientierte Großkanide flexible Antworten auf einen für ihn eher untypischen Lebensraum finden. Die Herausforderung, ein eigenständiges und relativ unverfälschtes Leben zu kultivieren, verlangte von jedem Neuankömmling im Bowtal viel Anpassungsbereitschaft. Daran hat sich bis heute nichts geändert.

Die „Sprays" wandern in typischer Wolfsformation durch die Schneelandschaft des Bowtals. Der Gruppenumfang einer Wolfsfamilie (Durchschnitt: 6 bis 8 Tiere) ist in erster Linie vom allgemeinen Nahrungsangebot eines Habitats abhängig. In der Norm setzt sich die Geschlechtsratio einer Wolfsfamilie aus mehr männlichen als weiblichen Tieren zusammen.

Wie wir aus dicht besiedelten Ländern wie Italien, Spanien oder Deutschland seit langem wissen, braucht der Wolf zum Überleben außer Nahrung eigentlich nur ein kleines Rückzugsgebiet, in dem er ungestört Nachwuchs aufziehen kann (Zimen 2003). Diese unumstößliche Regel gilt offensichtlich auch für den Timberwolf der Rocky Mountains.

Die „Castles“ mit TIMBER *(oben): Wölfe überbrücken innerhalb eines Tages mitunter Distanzen von 40 bis 50 Kilometern. Durchschnittsgeschwindigkeit: 8 bis 10 km/Std. im Trabgang.*

Im Winter 1983/84 etablierte sich zunächst die „Spray-Familie" (kurz: Sprays), die zu jener Zeit aus sechs Mitgliedern bestand und deren Territorium sich auf eine Größenordnung von 1.058 km^2 erstreckte (Paquet, Huggard & Curry 1990). Laut Auskunft des Park-Rangers R. Kunelius (1986) beobachtete man westlich von Banff ab 1985 erste abwanderungswillige Tiere aus diesem Wolfsverband.

Ein weiterer Clan, die „Castle Mountain-Familie" (kurz: Castles), siedelte sich erst später im Bowtal an. Sie etablierte ihr Revier von insgesamt 1.160 km^2 zwischen Hector Lake im Norden und Moose Meadows (Bowtal) im Süden, beziehungsweise nutzte auch Teile des an Banff angrenzenden Kootenay Nationalparks. Im Spätwinter 1986 ordnete man diesem Verband insgesamt acht Individuen zu. Obwohl von nun an regelmäßig zwei verschiedene Wolfsgruppen entlang des Bow-Flusses operierten, kam der erste Jungwolf laut P. Paquet (1993) schon im September 1986 als Verkehrsopfer auf dem Trans-Canada-Highway (kurz: TCH) ums Leben. Bedauerlicherweise sollte er nicht der Letzte sein, denn für eine dringend notwendige Einzäunung der Autobahn westlich der Stadt Banff kämpfte man damals noch an allen Fronten. Seit Mitte 1970 gaben auch Hunderte Kollisionen zwischen Huftieren, hier im besonderen Maße Hirsche (*Cervus elaphus*), und Fahrzeugen aller Art Anlass zur Sorge (Damas & Smith 1982).

Das Bowtal, seine Tücken und Lobbyisten

Ob Haupttransportrouten wie TCH oder das Schienennetz der CP-Railway-Company (kurz: CP), die Bowtal-Panoramastraße (kurz: 1A), mannigfaltige Campingplätze und Grillstationen, Ferienhaussiedlungen oder ausgebaute Wanderwege – alle diese menschlichen „Errungenschaften" tragen in erheblichem Maße zur Landschaftsfragmentierung bei. Erwartungsgemäß hat die ausufernde Infrastruktur auch einen vernichtenden Einfluss auf den Wolfsbestand (siehe Anhang). In Bezug auf die Konsequenzen im Wolf-Beutetier-Verhältnis schlussfolgerten G. Holroyd & K. Van Tighem (1983) schon vor 15 Jahren, dass die Qualität von Wolfshabitaten größtenteils von der Beutetierverteilung abhängig ist. Die Landschaftsstruktur des BNP besteht zum größten Teil aus alpinen und subalpinen Zonen. Hohe Gebirgslagen und schroffe Steilhänge sind für den Wolf ziemlich unproduktiv. Paul sprach schon damals ganz bewusst von einer nachweisbaren Bevorzugung des Wolfes in Bezug auf Talebenen und Landschaftsabschnitten unter 1.850 Metern. Hier verbringt der Großwildjäger im Winter 95% der Gesamtzeit.

Die Stadt Banff hat zirka 9.000 permanente Einwohner. In den Saisonzeiten schwillt sie um ein Vielfaches an. Banff darf per Gesetz zwar nur innerhalb der Stadtgrenzen ausgebaut werden, blockiert aber trotz einiger bestehender Wanderkorridore den Aktionsradius der Tierwelt enorm. Die Stadt einzuzäunen, um so Konflikte mit Beutegreifern zu minimieren, hält man in verantwortlichen Kreisen für nicht sinnvoll.

Nach Meinung von M. Hebblewhite (2000) sind in der Talebene auch 99% aller Hirsche unterwegs. Laut H. Purves (1992) tendieren alle großen Beutegreifer dazu, hoch qualitativen Beutetierlebensraum zu nutzen.

Leider konkurrieren sie nachhaltiger denn je um die wertvollsten Ressourcen, welche das Bowtal zu bieten hat: z. B. Wasser, Rückzugsgebiete und qualitativen Lebensraum. Eine 1983 von L. Keith veröffentlichte Vergleichsstudie konnte in den zentralen Rocky Mountains nur eine Verbreitung von 2,7 bis 4,1 Wölfen pro 1.000 km^2 nachweisen, was statistisch die niedrigste Dichte in ganz Nordamerika bedeutete. Fürsprecher der Biodiversität, die in verhaltensökologischen Zusammenhängen denken, fordern denn auch seit langem deutliche Restriktionen für Parkbesucher und Infrastrukturmaßnahmen (Bloch & Bloch 2002). Heftiger Widerstand kommt aus Teilen der ansässigen Tourismusbranche, die alljährlich fast schon reflexartig in geschickt initiierten Horrorszenarien zur Gegenattacke schreitet. Eine Begründung für Umsatzeinbußen findet sich bis zum heutigen Tag immer: Mal ist von irgendwelchen Kriegshandlungen oder allgemein schlechten Wirtschaftsdaten die Rede. Dann ist der Dollarkurs oder der Benzinpreis schuld. Nur zufriedenstellend ist die Lage nie. Merkwürdig nur, dass vor allem das Bowtal vor lauter Menschenandrang zumindest saisonal monatelang aus allen Nähten platzt.

Eine Gruppenkonstellation von sogenannten Stadt-Hirschen kann aus bis zu 100 weiblichen und jüngeren männlichen Mitgliedern bestehen. Hirschkühe, die zirka 225 kg wiegen, suchen im Frühjahr traditionelle „calving grounds" in Stadtnähe zu Banff auf, wo sie ihre Kälber zur Welt bringen. Altbullen, die 300 bis 400 kg schwer sind (Geweih bis zu 22 kg), leben außerhalb der Brunftzeit meistens solitär.

Die Konsequenzen sind allen bekannt. Jedes Jahr müssen unzählige Tiere innerhalb des Nationalparks ihr Leben lassen. Erst kürzlich sorgte sich der Superintendent von BNP, der Biologe Kevin Van Tighem, in der regionalen Wochenzeitung Outlook 2008 völlig zu recht: „Es ist klar, dass wir in den letzten sechs Jahren mehr Grizzlybären durch Menschenverschulden verloren haben, als die geschätzte Population aushalten kann". Eine klare Aussage, die zum Überdenken der katastrophalen Gesamtlage anregt.

Konkrete Problembewältigungsvorschläge liegen seit geraumer Zeit auf dem Tisch. Unzählige Wissenschaftler wie P. Paquet (2003), J. Green (1996), C. Callaghan (2002) sowie etliche ortsvertraute Naturalisten sprachen ernstzuzunehmende Empfehlungen aus. Die meisten Ratschläge warten weiterhin auf Gehör. Der Park-Ranger K. Heuer (1995) schlussfolgerte nach vier Monaten Feldarbeit im Winter 1993/94: Von drei vorhandenen Wanderkorridoren für große Fleischfresser, welche die Stadt Banff umgehen wollten, sei nur einer als funktionstüchtig anzusehen. Erst Jahre später leitete D. Dukes Diplomarbeit (2001) einen kleinen Umdenkungsprozess ein, in dessen Verlauf man ein großes Bisongehege, einen Reiterhof sowie ein ehemaliges Kadettencamp beseitigte. Diese Restauration einer Wanderroute hob zumindest zum Teil jene Blockade auf, die das Migrationsverhalten der Tierwelt nördlich der Stadt Banff zuvor massiv beeinträchtigt hatte. Die Zeit wird zeigen, ob diese gesamtbildlich eher winzige Landschaftskorrektur einen positiven Effekt erzielt. Die Debatte geht weiter, denn Almosen an die Natur reichen nicht. Der „Tanz auf dem Vulkan" hat längst begonnen, zumal sich die Lebensqualität für die Tierwelt, besonders im westlichen Bowtal, innerhalb der letzten 20 Jahre deutlich verschlechtert hat. Der Reproduktionserfolg mancher Tierarten (z.B. Bär, Hirsch) ist wesentlich geringer als deren Todesrate, die fast immer im Zusammenhang mit dem menschlichen Einfluss steht. Heute ist es schon fast eine Sensation, auf der Parkstraße einen Hirsch beobachten zu können.

Ein Grizzly-Bär wird beim Versuch, den Highway im BNP zu überqueren, durch neugierige Touristen daran gehindert. Aufgrund schlechter Habitat-Qualität ernähren sich die Grizzlies der Rocky Mountains auf ihrer ständigen Nahrungssuche bevorzugt von jener Vegetation, die an Straßenrändern und Wegen besonders üppig sprießt. Demzufolge sind direkte Begegnungen mit Menschen unausweichlich, verlaufen aber normalerweise völlig unspektakulär.

Banff's Pioniere der Feldforschung

Umsichtige und verantwortungsvolle Feldforschung kommt einem Puzzlespiel gleich. Naturbegeisterte Menschen wie Mike Gibeau, Diane Boyd, Paul Paquet und viele andere haben mit ihrem Enthusiasmus Maßstäbe in der Wolfsforschung des BNP gesetzt.
Nicht unerwähnt bleiben sollte die Tatsache, dass deren Arbeit ohne die tatkräftige Unterstützung zahlreicher Volontäre und Helfer, die meist unbemerkt im Hintergrund tätig waren, zu keinem zufriedenstellenden Ergebnis geführt hätte. Feldforschung bedeutet Teamarbeit, ist extrem zeitaufwendig und kann, je nach Wetterbedingung, gnadenlos ungemütlich sein.

Die Wölfe des Bowtals

Im April 1987 legte Mike im Bowtal mehrere Hirschkadaver aus. Die geplante Aktion, Wölfe anzulocken und mittels eines Spezialgewehrs vom Hubschrauber aus zu betäuben, gelang erfolgreich. Bald war ein junges weibliches Mitglied der „Castles" eingefangen und mit einem Radiohalsband versehen. Die erste Telemetriestudie am Stammvater aller Haushunde nahm Gestalt an. Entgegen aller Erwartungen verhielt sich GABI nicht besonders scheu. Sie erinnerte in ihrem Verhalten eher an westeuropäische Wölfe, die sich den Aktivitätsgepflogenheiten des Menschen ungemein effektiv angepasst haben. Leider starb sie alsbald nach einem Verkehrsunfall auf der Autobahn. Im Jahr 1988 stattete Mike sowohl den jungen Rüden MIDNIGHT als auch die adulte Wölfin DUSK mit Sendern aus. DUSK hatte, wie sich wenig später herausstellte, den ranghöchsten Status der „Sprays" inne und zog laut Paul und seinen Kollegen D. Huggard & S. Curry (1990) zusammen mit einem schwarzen Leitrüden Welpen auf. MIDNIGHT, mittlerweile selbstständig, wanderte im Alter von knapp zwei Jahren in den Peter Lougheed Provinzpark ab. Dort angekommen, war er mit zwei nicht identifizierten Individuen unterwegs. Unter Zuhilfenahme technischer Ausrüstung (Telemetrie), gelang es Mike am 17. Juni 1988, drei graue und vier schwarze Welpen zu beobachten. Seine weiterführenden Recherchen ergaben, dass die Mitglieder der „Sprays" zwei verschiedene Erdbauten im Umkreis von einem Kilometer nutzten. Ein erster Hinweis darauf, wie man in Wolfsmanier erfolgreich Parasitenbefall minimiert. Wölfe legen ihre Höhlen immer in der Nähe von Wasserquellen an, wo die Welpen nach der Säugezeit ihren Durst stillen können.

Im Winter 1988/89 bestand die Gruppe definitiv aus acht Mitgliedern. Einige Erwachsene im Alter von ein bis drei Jahren zeigten jedoch deutliche Abwanderungstendenzen. Sie führten plastisch vor Augen, wie unter Freilandbedingungen oftmals eine wölfische Hochkultur aufblüht, um u.a. zur Vermeidung ernsthafter Reproduktionskonkurrenz oder aufgrund von Nahrungsknappheit nach einiger

Das Bowtal mit dem gleichnamigen Fluss nahe Castle-Mountain: Wegen seiner auffälligen Struktur bezeichnete der Stoney-Native-Clan diese majestätische Erscheinung „Tipis in the wind", wonach auch die Castle-Wolfsfamilie benannt wurde. Die meisten Berggipfel des Bowtals erheben sich 2.600 bis 3.000 Meter über NN.

Zeit wieder auseinanderzubrechen. Zurück bleiben mitunter nur die Elterntiere. Laut Mike und Paul versorgte Dusk im Frühsommer 1989 um den angestammten Höhlenkomplex des Vorjahres zwei graue und einen schwarzen Welpen. Im September 1989 wurde sie auf dem TCH angefahren, schwer verletzt und anschließend von den Wissenschaftlern mehrfach stark humpelnd alleine beobachtet.

Ein Highway und sein Einfluss auf die „Sprays"

Anfang Oktober 1989 legte D. Boyd einer jungen Wölfin ein Radiohalsband an. Zu Ehren der Biologin nannte man sie fortan Diane. Einige Monate zuvor legte man dem juvenilen Rüden Blizzard einen Peilsender um, der jedoch im Dezember 1989 auf der Autobahn starb. Danach erwischte es noch vier weitere Gruppenmitglieder, die im Straßenverkehr angefahren und verletzt wurden (Paquet, Huggard & Curry 1990). Die einzig positive Botschaft: Wölfe sind zäh. Zerstörtes kann auferstehen. Obwohl sich die „Sprays" im Sommer 1990 nur noch aus 7 Erwachsenen zusammensetzten, gab Paul in seinem Forschungsbericht 1993 für die Wintersaison 1990/91 und 1991/92 wieder eine Gruppengröße von jeweils neun Individuen an.

Wichtige Basisarbeit im Bereich direkter Höhlenbeobachtungen leistete von Mai bis Juli 1990 die Biologiestudentin Elisabeth Coscia. Geduldig observierte sie den Rendezvousplatz von Dusk & Co, notierte erste Einblicke in deren Familienleben und zählte neben den sieben Erwachsenen drei graue und drei schwarze Welpen. Das junge Weibchen Diane fungierte als Haupt-Babysitterin. Erstmalig wies E. Coscia (1991) eindeutig nach, dass sich Wölfe gegenüber einem Menschen durchaus tolerant verhalten können. Ein Erwachsener näherte sich ihr sogar bis auf 30 Meter. Dabei „fiepste" er deutlich vernehmbar, verhielt sich aber nicht im Mindesten aggressiv. Auch diverse Welpen spielten vor ihren Augen „schwanzziehend und nackenbeißend", solange sie ruhig sitzen blieb und sich nicht bewegte. Mike wurde im Sommer 1991 erneut fündig und bestätigte bei den „Sprays" Zuwachs in Form von fünf Welpen.

Ein Beta-Rüde begrüßt seine Schwester mit entspanntem Demutsgesicht: Sind Wolfseltern nicht anwesend, kümmern sich erwachsene Familienmitglieder beiderlei Geschlechts um den jugendlichen Nachwuchs. In Nähe des Erdbaus findet man fast ausnahmslos weibliche (der Leitwölfin ergebene) Babysitterinnen, die etwa 85% der Zeit damit verbringen, Welpen zu bewachen und Kommunikationsrituale einzuüben.

Auch die „Castles“ müssen Tribut zollen

Im März 1989 tappte ein grauer Rüde in eine Falle. Mike schätzte das Alter von TIMBER auf vier bis fünf Jahre und stufte ihn als festen integralen Bestandteil der „Castles" ein, die im Sommer 1989 aus sieben Mitgliedern und zwei Welpen bestand. Im gleichen Jahr unterschrieb Paul einen Dreijahresvertrag mit der Parkverwaltung und koordinierte fortan alle Feldforschungsbemühungen. Im Sommer 1990 konnte er sechs gesunde Welpen nachweisen. Währenddessen traf Mike erste Vorbereitungen zum bevorstehenden Start seiner Diplomarbeit an Kojoten. In ihrem Abschlussbericht von 1996 gaben die Autoren P. Paquet, J. Wiezchowski & C. Callaghan an, dass DIANE ihre Eltern verließ und versuchte, die Fronten zu wechseln. Im November 1989 sah man sie erstmals zusammen mit mehreren Mitgliedern der „Castles". Im Juni 1989 kam deren Leitwölfin, die man anhand ihrer Zitzen zweifelsohne als säugendes Muttertier identifizierte, im Kootenay Nationalpark auf dem Highway 93 ums Leben. Nach dem herben Verlust der Chefin herrschte vorübergehend soziales Chaos. In diesem speziellen Fall hatte Neuankömmling DIANE keinerlei Probleme, im Rahmen der strukturellen Umorientierung beim Vater und den jungen Töchtern der „Castles“ auf Akzeptanz zu stoßen.

Die Feldforscher erlebten einen wahren Albtraum, als sie wenig später zwei weitere Jungwölfe auf der Autobahn beziehungsweise direkt neben den Gleisen der CP tot auffanden. Nirgendwo sonst im Banff Nationalpark hatte es in der Vergangenheit einen so radikalen Wolfsverlust gegeben wie im Bowtal. Da grenzte es schon an ein kleines Wunder, im Dezember 1990 zwölf aktive Castle-Wölfe beobachten zu können.

Unten: Die Blutspur auf dem Trans-Canada-Highway spricht eine deutliche Sprache. Ein Jungwolf verlor sein Leben, als er von einem Lastwagen überrollt wurde. Geschwindigkeitsüberschreitungen, stetig anwachsender Verkehr und Kollisionen mit Wildtieren (viele werden nicht einmal gemeldet), sind und bleiben ein Hauptproblem für den langfristigen Erhalt von Wölfen und auch anderen Tierarten in gewissen Teilen der Nationalparks in den Kanadischen Rocky Mountains. Die Autobahn zwischen der Stadt Banff und Lake Louise ist über weite Strecken nicht eingezäunt, der Highway 93 hat überhaupt keinen Schutzzaun für Wildtiere.

Rechts: Ein Eisenbahnzug nähert sich in der Abenddämmerung: Vom Licht geblendet, sind es in erster Linie Wolfssenioren mit verlangsamten Verhaltensreaktionen und hektisch agierende Jugendliche mit wenig Überblick, die auf dem Bahngleis beziehungsweise der Autobahn sterben.

Rechts (unten links): Beim Versuch, ein Gleis hintereinander zu überqueren, weichen alle Gruppenmitglieder aufgrund der wolfstypischen Pulkbildung einem Zug oftmals erst in letzter Sekunde aus.

Rechts (unten rechts): Ein Park-Ranger begutachtet den Leichnam eines Castle-Wolfsrüden, um ihn ins Labor zu bringen. Dort untersucht man jedes Tier genauestens auf Krankheiten, Alter, Geschlecht und die Todesursache.

8747
8747

Der Mensch und sein Einfluss auf die Natur

Im August 1995 gab die „Task Force" des BNP in ihrer Veröffentlichung zur „Banff Bow Valley Study" das vollständige Ausmaß des bowtal-spezifischen Desasters bekannt, nämlich die Registrierung von 19 toten Wölfen (siehe Anhang). Diese Zahl entsprach einer jährlichen Dezimierungsquote von 16% der Gesamtpopulation.

Der schockierte Leser möge bedenken: Auch der betroffene Freilandökologe sucht seine Identität in der Rückbesinnung auf das Wesentliche, indem er den Ist-Zustand beschreibt. Jede Adaption, die zu einer Gesamtfitness verhilft, braucht Zeit und gilt zu Recht als kleines Rädchen der Evolution. Hier gibt es keinen Stillstand (Bloch 2007). Das soll keinesfalls bedeuten, für die verantwortlichen Stellen vom BNP bestünde keine Verpflichtung zu drastischen Maßnahmenpaketen in Richtung „Menschen-Management". Nach Pauls Aussagen (1993) verursachte der Mensch zwischen 1986 und 1993 im BNP 93% aller Todesfälle, davon alleine 36% auf der im Wolfsrevier noch nicht eingezäunten Autobahn.

Im Grunde genommen ist es ein Skandal, dass man den TCH, der den qualitativ hochwertigsten Lebensraum aller Tiere in den Talsohlen für alle Zeit vernichtete, ausgerechnet zur Haupttransportroute durch die Nationalparks der Rocky Mountains ausbaute. Die verheerenden Langzeitfolgen hätte man ohne große Mühe voraussehen können. Bedauerlicherweise stellte man ökonomische Interessen ohne Rücksicht auf Verluste ganz bewusst vor ökologische Notwendigkeiten.

Was den Wolf betrifft, darf dieser zu allem Übel außerhalb der Nationalparkgrenzen sowohl in der Provinz British Kolumbien als auch in Alberta massiv bejagt werden. Administrative Stellen fördern bis heute sogar „Beutegreiferkontrollmaßnahmen". Jedes Jahr lassen Dutzende Wölfe in Schlingen und Beinfallen ihr Leben, oder werden kurzerhand erschossen.

Leitweibchen auf dem Bahngleis: Bowtal-Wölfe nutzen die Eisenbahntrasse ihres Heimatreviers traditionell u.a. als energieeffiziente Wanderroute oder als „Beschleunigungsstreifen" bei der Jagd. Desweiteren suchen sie in deren Umfeld nach Verkehrsopfern aller Art. Die CP-Rail brachte vor der Gründung des BNP erste Touristen zu den heißen Quellen von Banff. Seither gilt das Schienennetz als Privatbesitz.

Hirschverluste und ihre Ursachen

Die Bewegungsaktivität des Wolfes wird u.a. von der jeweiligen Topografie, Beutetierverteilung, Schneehöhe und Vegetation unterschiedlich beeinflusst. Im Bowtal trifft er bis heute immerhin auf sechs verschiedene Beutetiere: Dickhornschaf (*Ovis canadensis*), Gebirgsziege (*Oreamnos americanus*), Elch (*Alces alces*), Whitetailed Deer (*Odocoileus virginianus*), Mule Deer (*Odocoileus hemionus*) und auf das Pendant des Europäischen Rothirschs, den Wapiti (*Cervus canadensis*). Whitetailed Deer und Mule Deer werden in Amerika unter dem Begriff „Deer Family", inkl. lat. Namen geführt. Im Buch wird deshalb bei dieser Gattung vom „Reh" gesprochen. Auch ihr Verhalten gleicht mehr dem unserer Rehe als Hirschen.

Hirsche stellten lange Zeit die Hauptbeute dar, schließlich konnte der Wolf vor zwanzig Jahren noch aus dem Vollen schöpfen. R. Kunelius (1991) bezifferte den stattlichen Hirschbestand im westlichen Bowtal zwischen den Städten Banff und Lake Louise 1988 auf 330 Exemplare. Alljährlich stattfindende Bestandserhebungen aus dem Flugzeug hatten schon im Frühjahr 1985 begonnen. Im Rahmen seiner Doktorarbeit telemetrierten J. Woods (1991) und sein Team zwischen 1986 und 1989 im Bowtal insgesamt 53 Hirsche. Laut M. Hebblewhite (2000) hielten sich hier in der Wintersaison 1985/86 noch 411 Hirsche auf, zehn Jahre später waren es nur noch ca. 100 (Populationstrend im Anhang). Dieser dramatische Bestandsrückgang verschafft nochmals die Gelegenheit, auf eine unserer Bemerkungen in der Einleitung zurückzukommen. Jeder Wolfhasser würde diesen drastischen Abwärtstrend, abseits jeder Komplexität eines ökologischen Zusammenhangs, liebend gerne pauschal dem Wolf in die Schuhe schieben. Aber Fakten widerlegen Gerüchte.

Im Bowtal ist es der Mensch, der die Hirschpopulation am nachhaltigsten schwächt. Alleine zwischen 1986 und 1989 fielen von 17 telemetrierten erwachsenen Hirschen 47% dem Auto- und Schienenverkehr zum Opfer (Kurnelius 1991). Nachdem viele von ihnen geschwächt erschienen, sezierte man ab dem Jahr 1984 in Zusammenarbeit mit dem Parasitologen Dr. Pybus etliche tote Hirsche und konnte einen starken Leberbefall durch den Parasiten *Fascioloides magna* nachweisen. 1989 waren bereits 86% aller ausgewachsenen Hirsche infiziert. 1990/91 zeichnete man den härtesten Winter seit zehn Jahren auf, mit extrem kalten Temperaturen und außergewöhnlich viel Schnee. Viele Wapitis verhungerten. Im gleichen Winter fand man auf den Gleisen der CP 67 im Eisenbahnverkehr getötete Hirsche. Zudem durchbrachen 13 Tiere ohne Einfluss von Wölfen eine zu dünne Eisdecke und ertranken. Von 1988 bis 1993 verringerte sich die mittlere Herdengröße des Wapitis von durchschnittlich 10,3 Individuen auf 6,3. Die Todesursache von Hirschen war zunächst einmal nicht oder nur indirekt mit dem Wolf in Verbindung zu bringen. Die Fertigstellung der Einzäunung des TCH zwischen dem Eingangstor von BNP im Osten bis zum Autobahnkreuz des Sunshine-Skigebietes und die Einrichtung diverser Unterführungen reduzierte die Todesrate des Wapitis um zirka zwei Drittel!

Das Wolf-Beute-Verhältnis

Selbstverständlich beeinflussen große Beutegreifer grundsätzlich die Fluktuation von Huftierbeständen. So auch der Wolf, was nach den alten Erfahrungen unüberlegter Kontrollmaßnahmen seitens der Nationalparkverwaltung ab den 80er Jahren ausdrücklich begrüßt wurde. Deren Erkenntnis basierte nicht zuletzt auf Ergebnissen von Untersuchungen, die Paquet, Huggard & Curry 1990 wie folgt zusammenfassten: Anfang 1988 entdeckte man insgesamt 36 Beuterisse, 33 Hirsche und drei Rehe. 46% der Wolfsbeute identifizierte man als Hirschbullen, 33% als Kälber und vier Risse als Jungtiere, wobei der Wolf offenbar eine Präferenz für Tiere unter zwei Jahren, bzw. über sieben Jahren zeigte. Der augenfällig hohe Anteil an Hirschbullen, in Jägerkreisen bekanntermaßen als „Trophäentiere" sehr beliebt, war saisonal bedingt. Wölfe greifen nur äußerst widerstrebend fitte Bullen an, die nicht fliehen, sondern sich einer Attacke stellen. Viele von ihnen sind jedoch nach einer kräftezehrenden Brunftzeit stark geschwächt und werden in dieser Zeit von Bären, Wölfen und sogar von Pumas erbeutet. Trotz alledem bevorzugen Beutegreifer eher Angriffe auf alternative Beutetiere wie Reh, Hase oder diverse Nagetiere, als durch einen gesunden Hirschbullen ernsthaft verletzt zu werden. Besonders naive Jungwölfe tragen bei einer hastigen, unüberlegten Attacke oftmals Rippen- und/oder Beinbrüche davon, sterben aufgrund einer zertrümmerten Schädeldecke oder inneren Verletzungen. Erfahrene Alttiere wissen um diese Gefahren. Sie tendieren zu taktisch wohl überlegten Vorgehensweisen. Die Chancen von Wolf und Beutetier, eine Auseinandersetzung zu gewinnen, pendlen sich etwas bei 50:50 ein.

Hirschgruppe auf einem Bahngleis im Schneegestöber: Je schlechter die Sichtverhältnisse, desto öfter kommt es zu Unfällen. Ein striktes Nachtfahrverbot für Züge in Nationalparks wäre ein hilfreicher Ansatz zur Vermeidung von Kollisionen, wurde aber von CP bisher aus rein wirtschaftlichen Gründen kategorisch abgelehnt.

Von links oben nach rechts unten: Einige Hirschbullen haben sich zu einem Junggesellenverband zusammengeschlossen und marschieren direkt auf die ruhenden Wölfe zu. Die aufgeschreckten Jungen versammeln sich um ihre Eltern. Die Elterntiere attackieren daraufhin die Herausforderer etwas zaghaft. Zunächst schlagen die Hirsche ihre Angreifer in die Flucht, alle Beteiligten sind bald außer Sicht.
Rechts: Kurze Zeit später sprintet ein einziger Bulle aus dem Wald, dicht auf seinen Fersen drei Jungwölfe, welche die Hatz bald aufgeben. Alttiere erkennen die Verwundbarkeit eines Beutetieres anhand der von der Norm abweichenden Körpersprache, Jungwölfe nicht.

Die dokumentierten Wolfsjagdtechniken variierten von Gruppe zu Gruppe, mit der regionalen Dichte und Verbreitung von Beutetieren, waren oftmals nicht selektiv, sondern reflektierten primär das Vorkommen von Beute. Das nachfolgende Datenmaterial macht deutlich, wie differenziert ein Wolf-Beute-Verhältnis zu betrachten ist. In der Wintersaison 1988/89 fand man 15 Hirschkadaver (47% Kälber und 33% Kühe), bzw. 38 in der Saison 1989/90 (jeweils 33% Kälber und Kühe). Brandaktuell liegen uns einmalige Studienergebnisse zum Beutegreifer-Beute-Verhältnis von R. Petersen (2008) vor, der seine Einsichten aus 50 Jahren Forschung auf der US-Insel „Isle Royale Nationalpark" wie folgt zusammenfasst: Als die Studie begann, gab es 570 Elche und 20 Wölfe, nach fünf Jahrzehnten sind es heute 385 Elche und 21 Wölfe. Im Laufe der Jahre hat sich ein dynamisches Gleichgewicht eingestellt. Wenn es weniger Wölfe gab, vermehrten sich die Elche, bis sie so wenig zu fressen hatten, dass sie immer schwächer wurden. D. Smith (2007) hebt nach langer wissenschaftlicher Arbeit ganz sachlich die Gesundung des gesamten Yellowstone-Ökosystems hervor, nachdem der Wolf die Jagdregie übernommen hat. Der Hirschbestand ist stabil, zu dessen Ausrottung kam es nie. Diese Beispiele sind repräsentativ für intakte Ökosysteme ohne den Einfluss des Menschen.

Laut Mike und Paul konzentrierten sich die Aktivitäten der beiden Bowtal-Wolfsgruppen im Frühjahr und Sommer gleichermaßen um deren Rendezvousgebiete. Die „Castles" wirkten im allgemeinen Erscheinungsbild geschlossener als die „Sprays", die im Winter zwar auch im Bowtal zur Jagd gingen, sich dabei aber in kleinere Einheiten aufteilten. Eine besondere Vertreterin dieser Gruppierung, seit 1991 auch unter dem Namen Betty bekannt, sollte als Wegbereiterin einer neuen Kultur noch Berühmtheit erlangen...

Verhältnis Wolf-Rabe und Wolf-Kojote

Wie Peter, Karin und ich heutzutage aus Erfahrung wissen, ist zum Auffinden von Beuterissen eine sehr genaue Flächensuche nach Raben (*Corus corax*), Krähen (*Corvus brachyrhynchos*) und Elstern (*Pica pica*) unumgänglich. In den ersten Forschungsjahren der Arbeitsgruppen um Paul und Mike fand man Raben an 94% aller Wolfsrisse (n = 47) und beobachtete oftmals viele Interaktionen zwischen Raben und Wölfen. Aufgrund ihres symbiotischen Verhältnisses, kam es zu keiner einzigen Tötung. Raben wurden beim mobben von Wölfen ebenso „erwischt" wie beim gemeinsamen Spiel (Paquet, Huggard & Curry 1990). Wie wir heute wissen, wachsen Wolfswelpen vom ersten Tag nach Verlassen des Erdbaus mit einer Präsenz ganz bestimmter Raben auf. Da Rabenfedern nach Auskunft von B. Heinrich einen unverwechselbaren Geruch aufweisen, könnte hier ebenso wie bei der Nahrungsprägung (→S. 69), frühzeitig eine Gewöhnung auf diesen Duftstoff stattfinden. Somit sozialisieren sich Welpen und Jungwölfe nicht nur auf die eigene Art (Wolf), sondern ebenso allem Anschein nach auch auf ihnen bekannte Rabenindividuen, die ihnen durch tägliches Zusammentreffen bestens bekannt sind.

Um tote Beutetiere versammeln sich Dutzende Tierarten. Raben haben eine besondere Vorliebe für Fleisch entwickelt. Sie steuern einen ergiebigen Kadaver bis zu zwanzig Mal pro Tag an, um große Futterstücke portionsweise davonzutragen, die sie anschließend vergraben. Raben verfügen über ein unglaubliches Erinnerungsvermögen, wissen genau, wo sie wann welchen „Nahrungsbunker" angelegt haben.

Entgegen anderslautender Behauptungen, wonach Wölfe angeblich generell Kojoten fressen, „weil in der Natur nichts vergeudet wird“, berichteten die Autoren der „BNP-Canid Ecology Study" 1990 von geradezu verblüffender Toleranz. Damit keine Fehlinterpretation aufkommt: Wolf und Kojote begegnen sich grundsätzlich als Nahrungskonkurrenten, wo Letzterer oft das Nachsehen hat (→ S. 153). Im Sommer 1987 fand man in Höhlennähe der „Sprays" zwei tote (nicht konsumierte) Kojoten. Wie allseits bekannt, bestätigen Ausnahmen die Regel. Erstaunliche Dokumente aus den Anfangsjahren liegen uns bezüglich einer Koexistenz zwischen Wolf und Kojote durchaus vor: Im Bowtal staubten damals bis zu fünf Kojoten an 19 von 26 Beuterissen Nahrung ab. Während Wolfsrüde MIDNIGHT an einem Kadaver fraß, waren zwei Kojoten in einem Abstand von nur fünf Metern anwesend. Es erfolgte kein Angriff. An einem anderen Tag beobachteten die Forscher zwei Kojoten, währenddessen sich DUSK und zwei weitere Wölfe vierzig Meter entfernt ausruhten. Einige Zeit später nahm man erstaunt zur Kenntnis, dass ein Kojote nur fünfzig Meter von der Höhle der „Sprays" in ein Chorheulen der Wölfe einstimmte. Im März 1989 heulten TIMBER und zwei Kojoten zusammen, die danach allerdings die nähere Umgebung verließen.

Das Engagement der Wolfsforschungspioniere verdient Respekt und Anerkennung. Die Sammlung und Archivierung der hier nur in Auszügen veröffentlichten Datenbanken war ohne Zweifel als bahnbrechend zu bezeichnen (ausführliche Tabellen im Anhang). Dies gilt besonders unter dem Gesichtspunkt, dass man alle damaligen Feldforschungsbemühungen auf Spuren- und Kotanalysen, beziehungsweise Telemetriestudien beschränkte. Direkte Verhaltensbeobachtungen führte man nur sehr sporadisch durch. Vermutlich ist das einer der Gründe, warum man ohne nähere Einblicke in die soziale Organisation von Wolfsfamilien, bestimmte Individuen als „Alphas“ klassifizierte oder den Status von Leitrüden überbewertet hat, bei denen es sich jedoch bei näherer Betrachtung um subdominante Tiere handelte.

Jungwölfe übernehmen im Alter von knapp einem Jahr, je nach individueller Begabung, verschiedene Teamrollen. Hier sitzt ein Rüde auf einer Hügelkuppe, bewacht den Eingangsbereich zum Erdbau. Aufpasser, die wir „Alarm-Wölfe“ nennen, melden jede Störung außerhalb des alltäglichen Routineablaufs (z.B. Kojoten- oder Bärensichtung), woraufhin sämtliche Welpen sofort im Bau Schutz suchen.

Eigene Verhaltensstudien im Banff Nationalpark

Der Schwerpunkt Karins und meiner Feldforschung lag von Anfang an in der präzisen Beschreibung aller Dominanzbeziehungen einer Wolfsfamilie, was ohne manigfaltige Direktbeobachtungen unmöglich gewesen wäre. Um Fragen zur Sozialrangordnung, zu Beziehungsgeflechten und individuellen Charakterdefinitionen beantworten zu können, sammelten wir Informationen zur Geschlechts- und Altersverteilung, sowie Intensionen und Häufigkeiten in Bezug auf das wölfische Interaktions- und Spielverhalten. Aber selbst diese Herangehensweise versetzte uns erst nach Jahren harter Arbeit in die Lage, das komplexe Alltagsleben von Timberwölfen einigermaßen nachvollziehen zu können. Jede Wolfsfamilie baut eine ureigene Tradition und Kultur auf, die den jeweiligen Anpassungsprozess an einen Lebensraum reflektiert.

Zusammentreffen mit einer lebenden Legende

Wolfswelpen halten sich bis zu einem Alter von 8 bis 10 Wochen im Umkreis von maximal 300 m des Erdbaus auf. Knochen, Fellstücke und andere Beutetierüberbleibsel eignen sich bestens für gemeinsame Objektspiele. Darüber hinaus vergnügt man sich mit Softdrinkdosen oder anderem Zivilisationsmüll, den erwachsene Tiere ihren Welpen zum Spielen überlassen.

Den Namen Paul Paquet hörten Karin und ich 1990 zum ersten Mal auf einer Fortbildungsveranstaltung in den USA. Erich Klinghammer, der Ethologe und Leiter der Forschungsstation Wolf-Park, kannte Paul persönlich und gab uns freundlicherweise dessen Telefonnummer. Begleitet von unseren beiden Langhaar-Schäferhunden NAVARRO und YUKON, tourten wir im Winter 1991/92 zum sechsten Mal durch unser Traumland Kanada im Allgemeinen, und durch die Nationalparks der Rocky Mountains im Speziellen. Priorität: Tierbeobachtungen. Auch Wölfe sahen wir hier und da.

Paul zu erreichen sei unmöglich, hieß es im Vorfeld. Aber wir ließen uns nicht ins Bockshorn jagen. Nach endlosen Fehlversuchen bekamen wir ihn dann doch an den Hörer. Wir vereinbarten ein Treffen. Pauls Haus, in unmittelbarer Nähe zum BNP gelegen, war zu jener Zeit ein Dreh- und Angelpunkt für wissbegierige Kanidenfreunde aus aller Herren Länder. Hier lernten Karin und ich erstmalig auch Mike kennen. Wie zu vermuten war, ging es in unserer ersten Begegnung um einen gehaltvollen Gedankenaustausch über Kanidenverhalten. Schlussendlich ließ ich Pauls überraschendes Angebot, das Familienleben der „Sprays" in deren Rendezvousgebiet zu dokumentieren, gedanklich kurz Revue passieren und nahm schon am 29. Mai 1992, gut versteckt, einen mir zugewiesenen Beobachtungsposten ein. Als Neuling behielt ich respektvoll jene Grundregel in guter Erinnerung, die mir Paul mit auf den Weg gab: Wenn du Wölfe observieren willst, prüfe stets die Windrichtung und verhalte dich wie ein Fels! Nach L. Carbyn (1974) reagieren Wölfe von Mitte April bis Ende Juli auf die Anwesenheit von Menschen besonders störungsanfällig. Eine unbedacht gewählte Annäherung in einem Distanzbereich von bis zu zweihundert Meter, kann besorgten Wolfseltern ausreichen, um ihr Rendezvousgebiet zu verlassen und die Jungen alternativ irgendwohin in sicherere Gefilde zu führen. Andererseits ermutigte mich E. Coscia, dass generell doch vieles möglich ist. Von ihr erhielt ich wertvolle Tipps, wie man behutsam und verantwortlich Wolfsbeobachtungen vorausplanen kann.

Sommer 1992 – Den Wölfen ganz nah

Klar und deutlich vorgewarnt, harrte ich bewegungslos dort aus, wo mich die junge Projektangestellte Shelley Alexander alleine gelassen hatte. Nach intensiver Einweisung lautete deren unmissverständliche Botschaft: Sei bitte nicht enttäuscht, wenn du lange Zeit nichts siehst. Das ist vollkommen normal. Derlei Aussagen bekommt wohl jeder „Grünschnabel" zu hören. Nach nur 15 Minuten Wartezeit schimmerte im Abendlicht eine Wolfsgestalt. Dreihundert Meter von meinem Versteck entfernt, trat DIANE aus dem Dickicht, trottete im Trabgang gemächlich zu einem nahe gelegenen Teich und trank in aller Seelenruhe. Mein glückbeseeltes breites Lächeln sah die Wölfin nicht, meine fast explodierende Hauptschlagader ebenso wenig. Von nun an war mir sogar das Glück beschieden, regelmäßig morgens und am späten Nachmittag fast das komplette Repertoire gruppenfördernder Verhaltenselemente, einschließlich vieler Interaktionen, zwischen DIANE und weiteren sechs Familienmitgliedern zu protokollieren.

Ich notierte alle Geschehnisse, ohne systematische Beschränkungen. Nach S. Wehnelt & P. Beyer (2002) bietet sich die „ad-libitum-Methode" an, um einen Überblick über das Verhaltensinventar einer Beobachtungsgruppe zu erhalten. Der Nachteil liegt darin, die eigene Aufmerksamkeit auf auffällige Geschehnisse und Individuen zu lenken. Deshalb entschloss ich mich, seltene, aber aussagekräftige Verhaltensabfolgen nach der „Ereignis-Methode" zu filmen. Angekommen in der „echten" Tierwelt, begann ich auf Pauls Anraten möglichst alle Individuen nach Aussehen und Verhalten genau zu unterscheiden. Ein Novum in der Wolfsforschung von Banff. Bis dato bestand allenfalls eine grobe Vorstellung vom Umfang der „Sprays".

DIANE *mit Welpe am Teich: Wölfe, die im Schutz eines Nationalparks seit Generationen keinen Jagddruck kennengelernt haben, zeigen gegenüber Menschen individuell unterschiedliches Fluchtverhalten. Dass* DIANE *ihre Welpen in Richtung meines Beobachtungspostens leitete, werte ich als „Vertrauensvorschuss", den ich niemals leichtfertig aufs Spiel setze.*

Vielfalt – ein Wunder der Natur

Gleich die erste Erkenntnis bezüglich der allerorten heiß diskutierten Grundsatzfragen zur „Alpharolle" war bemerkenswert. Die Leittiere Diane und Grey, sowie zwei Jährlinge namens Aster und Black, lagen oftmals auf einer Anhöhe mit Körperkontakt beieinander, obwohl das Wölfe doch angeblich generell aus „Statusgründen" strikt vermeiden. Drei weitere Tiere schliefen etwas verstreut am Waldrand. Nun war es Zeit, ein zweites Mal hinzuschauen. Heraus kam, was Paul einforderte: ein differenziertes Bild von der sozialen Organisation des Wolfes zu zeichnen. Meine umfassenden Untersuchungen bestätigten gleich im ersten Beobachtungssommer eine unglaubliche Vielfalt an unterschiedlichen Charakteren: Da lag die dunkelgraue, stets rational handelnde Diane neben dem zurückhaltenden Altrüden Grey. Im selben Pulk hielten sich die sanfte, pechschwarze Aster und der eher temperamentvolle Black auf. Ein hellgraues Weibchen schien eine besondere Vorliebe für Taktik und Intrigen zu haben. Ein silbergrauer, männlicher Jährling war ziemlich faul und bevorzugte viel Schlaf. Er wirkte oft demütig und zeigte sich an Kampfspielen wenig interessiert. Unvergessen auch der graubraune Jungrüde Jumper, der im Umgang mit seinen Geschwistern sehr verspielt und clownhaft auftrat. Individualität war Trumpf!

Natürlich wusste die gesamte Familie um meine Anwesenheit. Aber kein Wolf bellte Alarm. Das wäre ein sicheres Zeichen der Intoleranz mir gegenüber gewesen. Manchmal stand Babysitterin Aster mit gestrecktem Hals und weit nach vorne gerichteten Ohren da. Von Fluchtgedanken oder gar Panik war weit und breit nichts zu erkennen. Ganz im Gegenteil. Auch Diane verhielt sich ungewöhnlich vertrauensvoll. Mehrmals täglich führte sie ihre beiden ungefähr sieben Wochen alten Welpen zum Herumplanschen in den Teich.

Unten: Wolfsgruppe ruht auf einem zugefrorenen See: Diejenigen Individuen, die viel miteinander spielen, etablieren auch exklusive Freundschaftsverhältnisse und zeigen, unabhängig von Rang und Geschlecht, am häufigsten Körperkontakt. „Alphas" bestehen nicht zwangsläufig auf eine Individualdistanz gegenüber rangniederen Tieren.

Rechts: Eine Jungwölfin in Alarmstimmung: Wölfe nehmen bei der Gefahrenerkennung und -abwehr Aufmerksamkeitshaltung ein und bellen wie unsere Haushunde in vergleichbaren Lebenssituationen. Zumeist kombinieren sie verschiedene Bell- und Heullaute in schnell wechselnden Vokalisationsabfolgen, die sich durchaus bis zu zehn Minuten hinziehen können.

Eines Morgens kam es überraschenderweise zu einer direkten Körperkontaktaufnahme mit der 14 Monate alten ASTER. Ich lag auf dem Boden und fotografierte sie beim Schlafen. Eine Stunde später stand sie auf und streckte sich. Anschließend galoppierte sie mir entgegen. Nach einem kurzen Orientierungswittern, schien sie zunächst leicht verunsichert zu sein. Es folgte kanidenklassisches „Bogen-Gehen". Dann trat sie neugierig an mich heran und beschnüffelte interessiert meine Hose. Die Inspektion dauerte mehrere Minuten, wobei sie meine Schuhe und Jacke besonders intensiv untersuchte. Zum Schluss schaute sie mich etwas fragend an und legte sich 200 Meter entfernt wieder in ihre Lieblingsmulde. Dieser besondere Tag hat sich für immer und ewig in mein Gedächtnis eingebrannt.

Verwundert war ich auch angesichts einer weiteren spektakulären Beobachtung, an die ich mich ebenfalls zeitlebens erinnern werde: Nur 500 Meter vom Rendezvousplatz der „Sprays" entfernt, lebte ein Kojotenpaar. Zumindest einige Wölfe kannten ihre Nachbarn genau, denn am frühen Morgen des 5. Juni war es wieder so weit: Ganze 50 Meter voneinander getrennt, standen sich ASTER, JUMPER und die Kojoten gegenüber. Die bellten sogar frech Alarm. Natürlich erwartete ich eine Attacke. Stattdessen stoppten die beiden Wölfe nur kurz und gingen sogleich unbeeindruckt ihres Weges. Abends erstattete ich Paul aufgeregt stotternd Bericht. Doch anders als erwartet, sagte der nur: Kein unabhängiger Experte habe all die Behauptungen, Wölfe würden Kojoten „zwangsläufig" töten, bislang überprüft. In wissenschaftlichen Fachzeitschriften habe man überprüfbare Daten, die auf Direktbeobachtungen basieren, nie publiziert.

Schon in jenem ersten, unvergessenen Sommer vermittelten mir die vierbeinigen Lehrmeister allerlei Neues: Vertrauen ist bei Weitem wichtiger als Rang. Leittiere beiderlei Geschlechts iniziierten täglich bis zu zehn Begrüßungszeremonien und bekundeten dadurch viel Interesse am gruppenstabilisierenden Sozialleben. Die Grundstimmung war freundlich, der interaktive Gestaltungsbereich zu 72 % soziopositiv (n = 112). Jeder Wolf führte im Zusammenleben mit allen anderen Familienmitgliedern eine individuelle „Kosten-Nutzen-Analyse" durch, entwickelte ein ureigenes, unverwechselbares Persönlichkeitsprofil. Alle Interaktionen standen prinzipiell in einem körpersprachlich-betonten Kontext. Pauschal von einem „genormten" Sozialverhalten auszugehen, ist schlichtweg ignorant. Dazu M. Bekoff (2006): „Viele, die automatische Erklärungen favorisieren, haben mit dem Beobachten von frei lebenden Tieren nicht viel Zeit verbracht."
Wenngleich im allgemeinen Sprachgebrauch fest verankert, halte ich die Begriffe „Rudel" und „Alphatier" für irreführend (Bloch 2002). Frei lebende Wölfe formen individualistische Familienverbände. Diese anpassungsfähigen Zweckgemeinschaften sind ökonomisch für jedes Mitglied von Nutzen. Bei „Alphatieren" handelt es sich ganz einfach um erfahrene Eltern, um brillante Teamchefs. Sie geben sozialen Halt, sorgen für Sicherheit und erteilen ihren Jungen bis zur Selbstständigkeit praktischen Lebensunterricht. Der bekannte Wolfsforscher D. Mech (1999) schlug wohlweislich vor, die Definition „Alpha" nur noch im Zusammenhang mit Großverbänden mit mehreren reproduzierenden Müttern zu gebrauchen.

Wolf mit Beutestück im Maul: Alle Familienmitglieder einschließlich der Jährlinge beteiligen sich am Nahrungstransport zum Erdbau. Helfer und Helfeshelfer versorgen laktierende Mütter ebenso wie daheimgebliebene Babysitter und Welpen.

Der Grundtenor des Zusammenlebens zwischen Alt und Jung ist vordergründig von Kooperation, Gemeinschaftssinn, und der Fähigkeit und Bereitschaft zu vielen freundlichen Ritualhandlungen geprägt. Erwachsene agieren im geselligen Sozial- und Objektspiel mit subdominanten Tieren oft „untergeordnet", was dem Einüben häufiger Rollenwechsel dient. Im gemeinsamen Spiel werden Zuneigung und kommunikative Verständigung verfeinert. Soziale und emotionale Beziehungen entstehen laut Dorit Feddersen-Petersen (2004) „durch Beobachtung von Häufigkeiten und Intentionen von Eigenschaften und Gestimmtheiten".

Zum Abschluss meiner ersten Langzeitstudie werteten wir die vorliegenden Videofilmsequenzen aus. Dabei erläuterte mir Paul nähere Umstände zur einzigartigen Lebensgeschichte von DIANE. Die eigentliche Mutter der Welpen kam auf dem TCH zu Tode. Die Kleinen waren zu diesem Zeitpunkt zirka vier Wochen alt und DIANE nicht etwa Mitglied der „Sprays", sondern lose mit den „Castles" unterwegs. Aus welchen Gründen auch immer, besuchte sie spontan die Höhle ihrer alten Heimat. Dort traf DIANE auf die mehr oder weniger verwaisten Welpen. Zum allgemeinen Erstaunen produzierte sie Milch und zog die Winzlinge auf, als ob es ihre eigenen wären. Was für eine spektakuläre Geschichte! Welch sensationeller Beleg dafür, wie weitreichend wölfisches Fürsorgeverhalten zu interpretieren ist. Die unvergessene DIANE starb im Frühjahr 1993 an Räude.

Die Jahre 1993 bis 1995 – Zusammenschluss zweier Familien

Im Juni 1993 wurde es schwierig, den Wölfen zu folgen. BETTY, eine Abwanderin der „Sprays“, über deren Senderhalsband man seit dem 28. Juni 1991 Signale einfing, klassifizierte Paul als Leitweibchen der „Cascade-Familie“ (kurz: Cascades). Diese etablierte sich 1992 im Hinterland von Banff, nachdem sie dort mit Lebensgefährte STONEY eine neue Dynastie gegründet und drei Welpen aufgezogen hatte.

Derweil schaute ich mich im Zentralrevier der „Sprays“ um, fand deren Erdbau aber verlassen vor. Meine Spurenanalyse wies auf eine massive Störung des „Hausfriedens“ durch einen Grizzly hin. ASTER trug mittlerweile einen Peilsender. Dreidutzend Signale später fand mein vager Anfangsverdacht Bestätigung. Die vorsichtigen Erwachsenen hatten ihre Kinderschar als reine Vorsichtsmaßnahme umgesiedelt. Wie zur Probe aufs Exempel hörte ich am 18. Juni 1993 ein Chorheulen, das $2\,^1/_2$ Minuten dauerte. Direkte Verhaltenseinblicke stellten sich als unmöglich heraus. Die Familienstruktur der „Sprays“ ließ erste Auflösungserscheinungen vermuten.

BETTY und die „Cascades“ dehnten ihr Revier zum wiederholten Mal in östlicher Richtung aus. Was für viele Nordamerikaner einen inakzeptablen Beweis für „Habituation“ darstellt, war für Paul, der BETTY und STONEY eines morgens mitten durch die Kleinortschaft Harvey Heights, außerhalb von BNP, laufen sah, ein klassisches Zeichen gelungener Adaption. Die Gedanken sind zu unser aller Glück frei. Bis heute gibt es nachweislich keinen einzigen Fall, bei dem ein „Nationalpark-Wolf“ einen Menschen attackiert, geschweige denn getötet hätte.

Links: Ein Grizzly steht vor seinen eigenen Buddel-Löchern: Grizzlies graben auch im Umfeld von Wolfsbauten nach Wurzeln, Larven, Insekten, Würmern und anderen Leckereien. Bären können Wolfswelpen unter Umständen töten, weshalb alle Erwachsenen ständig auf der Hut vor ihnen sind. Wölfe verzichten im Höhlenbereich sogar auf jegliche Tötung von Huftieren, um keine gefährlichen Nahrungskonkurrenten anzulocken.

Rechts: Wolf und Mensch am Straßenrand: Mitunter kommen sich Beutegreifer und Mensch ohne Konfliktauseinandersetzung ziemlich nah. In diesem Fall näherte sich ein erkundungsfreudiger Wolfsrüde einem Touristen, der dies noch nicht einmal bemerkte.

Welpen bei den Sprays

Im Frühjahr 1994 wurde endlich deutlich, dass die „Sprays" im westlichen Bowtal Quartier bezogen hatten. Ihr neuer Höhlenstandort lag nur dreihundert Meter von der 1A und ganze hundert Meter von einem Campingplatz entfernt. Hier stahlen die Wölfe nachts clever einen Hut, Schlafsack oder andere Habseligkeiten von Touristen und brachten sie zum Zerfetzen zur Höhle. Paul war nach Abschluss seiner Forschungstätigkeit in die Prärie gezogen. Trotzdem versorgten wir ihn weiterhin mit allerlei Wissenswertem zur Sozietätsentwicklung mehrerer Wolfsfamilien.

Getreu dem Motto: Alles gleichzeitig, am liebsten sofort und bitte keine Störungen durch Urlauber, legten wir uns ein „Testkonzept" zurecht, probierten diverse Versteckmöglichkeiten aus. Tag für Tag gab es von der „Sozibühne" der „Sprays" viel Substanzielles zu vermelden. Drei schwarze und ein grau-brauner Welpe hopsten umher, probten beim Einüben von Bewegungsabläufen, zur Verbesserung der Feinmotorik, zuerst Endhandlungen aus dem Beutefang: Anspringen, Packen, später Anschleichen. Dann lernten sie stimmige Handlungsketten oder rauften zu zweit oder zu dritt. Die Mehrheit aller beobachteten Spielsequenzen fand zwischen den Kleinen statt. Aber wir notierten auch genügend Sozialkontakte zwischen den Welpen und sieben Erwachsenen. Drei Rüden mit Peilsendern (Raven, Ben und Storm) betätigten sich zum Nutzen aller als Helfer und soziale Ansprechpartner für den Nachwuchs.

Die beschwichtigungsintensiven Bettelaktionen der Welpen wie „Schnauzen-Stoßen" oder „Maulwinkel-Lecken", richteten sich jedoch zuallererst an die Adresse ihrer Eltern Grey und Black. War deren Belagerung nicht erfolgreich, jubilierten die Kleinen, wenn sie Aster, den sehr disziplinierten Timber oder irgendeinen anderen Wolf abfangen konnten. Manche Erwachsene sendeten daraufhin ein Beruhigungssignal (calming signal) in Form eines abgeklärten „Kopf-Wegdrehens" aus. Dann würgten sie der Kinderschar einen undefinierbaren Futterbrei vor und legten sich alsbald hin. Eine solche Prozedur dauerte nur knapp eine Minute. Die gierige Nahrungsaufnahme der Welpen erinnerte irgendwie an „stoffabhängige Entzugsgeschädigte mit quälendem Suchtproblem". Es ist kaum zu glauben, welch große Mengen an Nahrungsbrei oder Fleischstücken schon Welpen in der Lage sind, hintereinander zu verschlingen. Generell scheint das Thema „Magendrehung" für Wölfe ein Fremdwort zu sein.

Links: Ein Wolfsrüde mit Radiohalsband trinkt an einem Teich: Konventionelle Peilsender wiegen nur mehrere hundert Gramm, haben je nach Landschaftsstruktur und Wetterbedingung eine Reichweite von fünf bis zehn Kilometern. Ihre Batterien halten im Schnitt drei bis vier Jahre. Über ein Empfangsgerät eingefangene Signale geben Auskunft zur Standortbestimmung und zum Aktivitäts-, bzw. Inaktivitätsverhalten eines Wolfes.

Rechts: Wolfsmutter würgt ihren Jungen Futter vor: Wolfseltern versorgen nicht nur Welpen, sondern auch juvenile Tiere bis zu einem Alter von fünf Monaten. Als Familientreffpunkt dient der Rendezvousplatz (Foto oben). Wann immer ein Erwachsener mit Nahrung dort eintrifft, stürmt Jung und Alt sofort heran, um an dem Festmahl teilzunehmen (Fotos unten). Alttiere räumen Welpen bei der Futteraufnahme einen ungehinderten Ressourcenzugang ein, verhalten sich uneigennützig, verzichten notfalls auf die Umsetzung von Eigeninteressen.

Wölfe auf der Jagd

Was die Jagdausflüge der Erwachsenen anging, notierte ich deren Kommen und Gehen bis ins kleinste Detail. Hatte ich nicht jahrelang „aufschneiderisch" behauptet, Wölfe jagen jederzeit zusammen, weil sie schließlich Rudeltiere sind? Die Magie des Augenblicks vermittelte jedoch eine völlig konträre Wahrnehmung. GREY, BLACK, TIMBER & Co lieferten mir den Beleg einer Gegenhypothese, indem sie nur einzeln, in Zweierkonstellationen oder allenfalls in Kleingruppen zur Jagd aufbrachen. Und: Wolfseltern wie Helfeshelfer kehrten in unterschiedlichen Zeitabständen unabhängig voneinander mit gefülltem Magen oder Kleinbeute nach Hause. Die alte Schlussfolgerung gehört endlich zu den Akten gelegt. Noch Jahre später beklagte D. Smith (2007) das Problem, die sommerlichen Jagdgewohnheiten des Wolfes unter anderem „wegen des Fehlens einheitlichen Rudelauftretens und kleinerer Beutepakete" genau dokumentieren zu können.

Die Entstehung der Bowtal-Familie

Apropos TIMBER und STORM: Das Letzte, was ich über sie zu wissen glaubte, war deren Zugehörigkeit zum „Castle-Clan". Aber wieso hielten sie sich auf einmal hier auf? Das von Paul schon im Winter 1992/93 dokumentierte Expansionsverhalten der „Castles", kombiniert mit einer schicksalhaften Sozialstrukturveränderung der „Sprays," hatte letztendlich aus ehemals zwei Gruppen einen neuen Einheitsverband geformt, die „Bowtal-Familie" (kurz: Bows). Dieser Verschmelzung zu einem Wolfsclan lag interessanterweise keine aggressive Revierauseinandersetzung zugrunde. Plötzlich galt es, gedanklich von der nächsten realitätsfernen Weisheit Abschied zu nehmen, nach der sich „jede" Wolfsfamilie hochterritorial verhält. Draußen, in der wirklichen Welt, lebten im Juni 1994 TIMBER und STORM von den „Castles" wie selbstverständlich zusammen mit ASTER, BEN und den Leittieren der „Sprays".

Führungspositionen

In der Paarungszeit 1995 verließ der umtriebige BEN seine alte Heimat auf Nimmerwiedersehen. Auch RAVEN wanderte ab. Er versuchte im Juni vergeblich, Anschluss an die „Cascades" zu finden. BETTY und STONEY, die im benachbarten Revier fünf Welpen betreuten, attackierten den naiven Eindringling ohne zu zögern. RAVENS Ausflug in ein Fremdterritorium wurde zum Irrweg. Stark geschwächt durch schlimme Verletzungen taumelte er mit Müh und Not in Richtung Bowtal zurück. D. Mech gab 1998 zur Thematik Territorialaggression unter Wölfen im Denali Nationalpark eine Tötungsrate von 39 bis 65% an. Immer wieder sprechen Feldforscher von „Wolfskriegen" (Radinger 2006), verweisen andererseits auf tolerante Nachbarschaftsverhältnisse. D. Smith (2007) spricht berechtigterweise von intraspezifischen Todesfolgen als Haupttodesursache Nr.1 unter Wölfen. Territorien verändern sich und Revierverhalten lässt sich unschwer auf Pauschalargumentationen reduzieren. Auch STONEY, BETTY und deren Gefolge sorgten z.B. im Winter 1997/98 für großes Aufsehen, als sie ins Nachbarterritorium der „Panthers" eindrangen und deren Leitweibchen töteten.

Im Juni 1995 betrauerten wir den Tod des zehn oder elf Jahre alten TIMBERS. In der Regel sind es die Betagten mit altersbedingt reduzierten Sinnesleistungen oder unbekümmert-naive „Schnösel", die

Je umfangreicher ein Territorium, desto seltener markieren Wölfe deren Grenzverlauf. Stattdessen hinterlassen Leittiere „chemische Territorialbotschaften" in Form von Kot und Urin im Innenrevier auf ihrem zentralen Wegenetz. Felsen und andere markante Revierstellen werden aufwendig markiert, um Fremdtiere vorzuwarnen. Eine vorschnelle Expansionspolitik kann fatale Folgen haben.

auf dem Schienennetz der CP ihr Leben lassen. Auch den alten Leitrüden GREY suchte ich vergebens. Siehe da, dem selbstsicheren und entschlusskräftigen STORM musste der Durchbruch an die Spitze der Führungsetage gelungen sein. Ein Unterfangen, dem sonst viele ausgewachsene Wölfe zeitlebens vergebens nachjagen. Doch anderes herum wird ebenfalls ein Schuh daraus: „Wann immer eine Wolfsfamilie ein Elterntier verliert, wandern die zurückgebliebenen Mitglieder meistens rastlos umher, bis die vakante Alphaposition durch einen gestandenen Neuankömmling gefüllt wird“ (Callaghan 2002). Nur gelegentlich fordert ein subdominantes Tier das Fortpflanzungsrecht einer Mutter oder eines Vaters heraus. Paul liegen aussagekräftige Belege vor, wonach Leittiere fast nie miteinander verwandt sind. D. Smith (2007) berichtet „von Hunderten DNA-Analysen aus Yellowstone, die einen hohen Grad an genetischer Variation der Wolfspopulation mit einem niedrigen Wert an Inzucht nachweisen“.

BLACK und ASTER verblüffen die Fachwelt

1995 änderte sich noch eine andere entscheidende Kategorie meines Denkens. Die alten Bücher, die ich immer wieder gerne durchgestöbert hatte, dienten jetzt nur noch als Dekoration. Hier und jetzt zogen die stets ausgleichend kommunizierende Leitwölfin BLACK und die stolze Erstmama ASTER ohne Wettbewerbsambitionen gemeinsam acht Wolfskinder auf. Anhand deren gewaltigen Größenunterschiede konnte ich definitiv auf eine Entwicklungsdifferenz von zirka 14 Tagen schließen. Es gab weder Gewinner noch Verlierer, vielmehr Zusammenarbeit und Austausch von Zärtlichkeiten wie Fellstupsen oder aneinandergekuscheltes Zusammenliegen. Nein, „Alphaweibchen“ töten prinzipiell eben nicht alle Welpen ihrer Rivalinnen. Sie zeigen bei allem Bedürfnis für momentanen Durchsetzungswillen einen enormen Familiensinn, den D. Feddersen-Petersen (2004) wie folgt beschreibt: „Sie arbeiten zusammen, sie tragen Konflikte aus mit Tieren, die dann wieder Kooperationspartner sein können. Es gibt besondere Beziehungen, Freundschaften“.

Der erste Nachweis eines Doppelwurfes: Normalerweise ziehen kooperierende Muttertiere (Mutter/Tochter oder Schwestern) ihre Welpen separat in benachbarten Erdbauten auf. Die gemeinsame Aufzucht von Welpen in einer Höhle ist selten. Im Durchschnitt misst die Höhle in etwa zwei Kubikmeter, verfügt über mehrere Kammern und Eingänge. Wölfe bauen mit Vorliebe alte Kojoten- oder Fuchsbauten aus.

Den Wolfsbestand mit Hilfe stattlicher Nachwuchszahlen sprunghaft zu erhöhen, scheiterte jedoch kläglich. Von der Öffentlichkeit weitestgehend unbemerkt, starben im Jahr 1995 fünf der acht Welpen, zudem TIMBER, BLACK und ein Jährling im Schienenverkehr. CP verbreitet aus Imagegründen gestern wie heute nur Lippenbekenntnisse. Man beschließt „alles zu unternehmen, um Unfälle zu reduzieren". Irgendwie ist der Management-Etage bei ihrer Mitverantwortung für die gebeutelte Tierwelt der Nationalparks jedoch der Realitätssinn abhanden gekommen. Wer wenigstens einen Hauch ernst genommen werden will, kann als konstruktive „Opfergabe" freiwillig eine drastische Geschwindigkeitsreduzierung des Schienenverkehrs veranlassen. Stattdessen verschulden bis zu 30 Eisenbahnkolonnen pro Tag, die oftmals mit über 100 km/h durchs Bowtal donnern, Todesfall auf Todesfall. Ich bezeichne das ohne Vorbehalte als sinnloses Zerstören...

In der aktuellen Verhaltensbiologie sind Nachrichten bezüglich der Existenz von Großfamilieneinheiten längst Schnee von gestern. D. Smith (2008) berichtete vor einem Jahr von drei Doppelwürfen Welpen in zwölf Familien. In Yellowstone, dem mit Abstand größten „Freilandlabor der Welt", zogen im Sommer 2007 in fast jeder vierten Gruppe mehrere Mütter nebst Helfershelfer zwei Würfe Nachwuchs auf. Dadurch erlebte die Population innerhalb nur eines Jahres einen rasanten Aufschwung von 26%. Im Juli 2008 teilte mir Wolfsenthusiastin E. Radinger telefonisch mit, „sieben Weibchen des Druid-Clans würden gerade neunzehn Welpen zusammen aufziehen". Mit solchen Sensationen konnten wir in Banff nicht aufwarten. Der 1986-1995 vergleichsweise geringere Wolfsbestand im Bowtal mit 10 Wölfen/1.000 km², bzw. einem Mittelwert von 3,2 Welpen pro Wurf (Banff Bow Valley Study 1996), hatte handfeste Gründe. Die „Bows" nutzten eine Talsohle, die zu 33% von menschlichen Einrichtungen blockiert war.

Das Bowtal mit der Eisenbahntrasse aus der Vogelperspektive.
Undichte Eisenbahnwagons, die CP innerhalb der nächsten zehn Jahre nach und nach austauschen will, verlieren beim Transport durch das Bowtal massenhaft Korn und anderes Getreide, was Bären, Hirsche und Rehe auf die Gleise lockt. Einen Teil des Getreides wird zwar durch überdimensional erscheinende „Staubsauger" entfernt, die Überbleibsel bringen jedoch trotz alledem seit Jahr und Tag etliche Tiere in akute Lebensgefahr.

Banff und seine alpine Umgebung: Um die Stadt so gut es geht zu meiden, sind alle Beutegreifer gezwungen, vorübergehend das Bowtal zu verlassen, und auf beschwerliche Pfade in Hanglagen auszuweichen. Da hiesige Wolfsreviere größtenteils aus steilen Hochgebirgszonen bestehen, reduziert sich deren Nutzungsgröße auf wenige 100 km².

Nur Illusionisten träumten noch von intakten Familienverbänden. Die bislang gelungene Darbietung, im Gehirn klassische Aufenthaltsorte von Beutetieren zu speichern, um entsprechende Informationen im Bedarfsfall abzurufen, funktionierte immer weniger, denn auch STORM & Co waren keine Zauberkünstler. Was sollten sie machen, wenn der Hirschbestand weiter so signifikant einbrach? Doch in der Not vereinte das neue Spitzenduo ASTER und STORM „geballtes Wissen" aus zwei Heimatgebieten, den Spray- und Castle-Territorien. Sie vergrößerten ihr neues Revier auf fast 1.650 km². Wegen der drastisch veränderten Gesamtumstände etablierten die „Bows" fortan ein riesiges Wegenetz und legten in Extremfällen sogar innerhalb 24 Stunden Strecken von über 70 Kilometern zurück. So überlebensnotwendig ihre „territoriale Hochrechnungsstrategie" auch war, so zwangsläufig führte sie zu der habitatspezifischen Energieeffizienz, zuallererst entlang der Schiene gezielt nach Kadavern Ausschau zu halten. Den „Bows" blieb bei der Verfeinerung dieser Tradition nur eine fatale Mischung aus „Dankbarkeit und Verwirrung".

Meine zwischen 1992 bis 1995 weiterentwickelte Protokollführung enthielt schon nach vier Jahren viele verstörende Vorkommnisse und unerwartete Verhaltenseinsichten:
Der erste Schock: Als professioneller Hundetrainer wartete ich jahrelang auf die Disziplinierung von Welpen über das allseits propagierte „Nackenschütteln". Nichts dergleichen konnte ich bis zum heutigen Tag belegen.

Alle im Hinterland observierten Wolfsgruppen heulten aus Gründen der Revieranzeige oder im Rahmen familienorientierter Kontaktaufnahmen in regelmäßigen Zeitintervallen (durchschnittlich ein bis drei Minuten) völlig unabhängig der Tageszeit. Im direkten Vergleich heulten im Bowtal beheimatete Tiere in der Nähe von Rendezvousplätzen extrem selten. Dieses differenzierte Vokalisationsverhalten hing sicher mit der unterschiedlich hohen Präsenzdichte von Menschen in verschiedenen Lebensräumen zusammen (Bloch 2001).

Die „Gruppengrößenoptimierung" von Wolfsfamilien wird von unendlich vielen ökologischen Faktoren beeinflusst. Ihre Zusammensetzung ist von den Beziehungspartnern abhängig. Offensichtlich entscheidet vornehmlich die Chefin eines Verbandes (hier: BLACK), ob sie Zuwanderer in Form von potenziellen Neumitgliedern akzeptiert, bzw. andere Weibchen bei der Welpenaufzucht unterstützt (hier: ASTER). Nach Pauls Ansicht besteht in Rekolonisierungsgebieten eine gewisse Toleranz gegenüber verwandtschaftlich bekannten Individuen.

„Körperbetontes" Familientreffen à la Wolf: Zur Stärkung des Gruppenzusammenhaltes kommen alle Beziehungspartnern einer Wolfsfamilie mehrmals täglich zu „Interaktionszeremonien" zusammen. Vor lauter Enthusiasmus fällt ein Jungtier im Eifer des Gefechts auf den Boden (Bildmitte). Um wohl gesonnene Kontaktbereitschaft zu signalisieren, nähert sich ein Weibchen der Gruppe mit angelegten Ohren (rechts).

Links: Das Fortpflanzungsritual von Wolfseltern in freier Wildbahn fotografisch festzuhalten, ist reine Glückssache. Während sich Storm und Aster paaren, bekundet der zehn Monate alte Nachwuchs extreme Unterwerfungsbereitschaft. Ernsthafte Reproduktionskonflikte zwischen Alt und Jung ergeben sich (wenn überhaupt) frühestens in der zweiten Hochranz, wenn die Jungen knapp zwei Jahre alt sind.
Rechts: Aster beantwortet die stürmische Annäherung ihrer Tochter mit einem wolfstypischen Abbruchsignal, dem Schnauzgriff.

Wölfisches Fortpflanzungsverhalten obliegt keineswegs exklusiv dem „Alphapaar". Unabhängig der Schilderungen aus Banff oder Yellowstone berichtet auch D. Mech (1998) von Großfamilien mit „Multiwürfen" im Denali Nationalpark. In einem Fall verletzte sich ein langjähriger Leitrüde vor der Paarungszeit, woraufhin sein Sohn die höchste Sozialstellung einnahm und zur Fortpflanzung kam. Trotzdem tolerierte die Familie den „Großvater" bis zu dessen Tod im Alter von zehn Jahren. Alle „Alpha-Hardliner" sind gut beraten, eine Neugewichtung bei der Beurteilung von Gruppenhierarchien, sowie Dominanz- und Rangordnungsdebatten zu akzeptieren.

Trotz aller Toleranzbereitschaft, legen Wolfseltern Wert auf Entscheidungsfreiheit und Freiräume. Wer nur genau genug hinsieht, erkennt bald das Präventivsystem hinter allen „Verhaltenskorrekturen" in Richtung Welpen, die eindeutig in direktem Zusammenhang mit sich häufig wiederholenden Lebenslagen stehen: Ruhestörung; erfolgloses Heimkehren von der Jagd oder Verfolgung von Alttieren, die zur Jagd aufbrechen wollen (Bloch 2005). Welpen, die zu Hemmungslosigkeit tendieren, werden über Abbruchsignale „ermahnt", bzw. aus Sicherheitsgründen gezwungen, am Erdbau zu bleiben. Eine vollständige Sozialisation basiert nach A. Miklosi (2004) auf Erfolgs- und Misserfolgserlebnissen".

Jungwolf auf der Suche nach seinen Eltern: Allen Verhaltenskorrekturmaßnahmen zum Trotz gelingt es kaum einem Alttier, die Verfolgung eines jugendlichen Wolfs (ab einem Alter von 3 1/2 bis 4 Monaten) zu verhindern. In solchen Fällen erhöhen die Alten ihre Durchschnittsgeschwindigkeit um ein Vielfaches, woraufhin Jungtiere den Anschluss verlieren und notgedrungen zum Rendezvousplatz zurückkehren.

Die Jahre 1996 bis 1999 – Auf den Spuren der Bows

Der Auftakt zur Sommersaison 1996 hielt ein Wechselbad der Gefühle parat. ASTER hatte das Bowtal abermals verlassen, um vier Welpen in ihrer alten Geburtshöhle im Spraytal aufzuziehen. Mit Hilfe meines Peilgerätes wurde klar, dass sich eine junge Wölfin namens MAGDA aktiv am Familiengeschehen beteiligte. Anfangs lief alles wie geplant, aber weitere Observationen waren aus einem simplen Grund nicht möglich: Der Sprayfluss führte extremes Hochwasser und schaffte es, mich an einer waghalsigen Durchquerung zu hindern. Dummerweise lag die Wohnstube der „Bows" auf der gegenüberliegenden Seite. Mein Stimmungstief hielt an, weil mir eine professionelle Betacam-Kamera vom Discovery-TV-Sender als Leihgabe zur Verfügung stand, die nicht ein einziges Mal zum Einsatz kam…

Im April 1997 machte sich auch MAGDA auf zu neuen Ufern und verließ kurzfristig den BNP. Im Juni 1997 kümmerten sich ASTER und der schlitzohrige, hart arbeitende STORM um vier Welpen, einen schwarzen und vier graue. Ihnen zur Seite standen drei Helfershelfer, allesamt Jährlinge, von denen ich keinen einzigen „persönlich" kannte. Beim Versuch, die anwesenden Wölfe individuell zu unterscheiden, musste ich passen. Wie sehr sich Beobachter in ihrer Wahrnehmung lenken und manipulieren lassen, fiel mir am 16. Juni um 8.45 Uhr auf: Anstatt eine schnelle Reaktion zu zeigen, faszinierte mich ein dreiminütiges Chorheulen der Wölfe, an dem sich auch die Welpen aufgeregt beteiligten, so sehr, dass ich prompt das Filmen vergaß. Die melodiöse Vokalisation schien eine bunte Mischung aus sozialem Zusammenhalt und Revierbezogenheit auszudrücken. Aber wer weiß das schon so genau.

Der nächste Morgen begann mit einem Paukenschlag. ASTER und STORM stöberten gemeinsam mit zwei weiteren Jungwölfen in einer offenen Wiesenlandschaft umher. Plötzlich sprang ein Rehbock auf. Die treibende Kraft bei dessen Verfolgung war STORM. Die anderen Familienmitglieder folgten auf dem Fuß. Es war, als ob eine Welle des Schreckens durchs Land zog. Zumindest für eine vierköpfige Familie, die zweihundert Meter entfernt nichtsahnend beim Essen saß. Der Rehbock entschloss sich spontan zu einer Kehrtwendung und galoppierte geradewegs auf die Touristen zu. STORMS Willen folgend, die Beute unter keinen Umständen aufzugeben, rannten die

Paarbindung als Ausdruck von Gemeinsamkeit: Wolfseltern betonen ihr Bedürfnis nach sozialer Nähe durch häufigen Körperkontakt, gegenseitige Fellpflege und den Austausch von Schnauzenzärtlichkeiten.

Ein Rehbock auf der Flucht vor den „Bows": Wölfischer Jagderfolg gestaltet sich je nach Erfahrung und gesamtökologischer Umstände signifikant unterschiedlich. Manchmal ist ihnen mehrmals hintereinander Jagdglück beschieden, dann wieder nur nach etlichen Fehlversuchen.

anderen Wölfe nicht nur hinter ihm her, sondern alle schnurstracks in Richtung der fassungslosen Familie. Die befürchtete wohl einen „Akt des Terrors" und versteckte sich unter einem Picknicktisch. Wolf und Beute rasten achtlos vorbei und verschwanden in Sekundenschnelle. Ob aus Entsetzen über das Beobachtete oder ganz allgemein aus Angst vor dem „bösen" Wolf – der Gefühlszustand der Touristen wirkte auf mich katastrophal. Ich ging zu ihnen hinüber, um ein wenig Aufklärung zu betreiben. Es stellte sich heraus, dass sie trotz aller momentanen Skepsis, Wölfe grundsätzlich sehr faszinierend fanden. Na dann...

Im Jahr 1999 hatte die Sozialstruktur der „Bows" einen absoluten Tiefpunkt erreicht. Ob Negativeinfluss durch Massentourismus, zunehmende Nahrungsknappheit, Abwanderungstendenzen bei Jungwölfen oder ausbleibende Welpengeburten in den Sommern 1998 und 1999 – all das führte letztlich zu einer besorgniserregenden Nachhaltigkeit. Hinzu kam noch die jahrelang anhaltende Hirsch-Strategie, das westliche Bowtal zur Vermeidung von Beutegreiferdruck gen Banff zu verlassen. M. Hebblewhites Diplomarbeit (2000) zugrundelegend, stieg der Hirschbestand um die Stadt Banff von 277 auf 388 Individuen. Im gleichen Zeitraum (1987-1999) nahm er im westlichen Bowtal von 366 auf 50 Wapitis ab. Im gesamten Bowtal blieben nur zwei Wölfe übrig: Aster und Storm!

Links: Leitrüde Storm *war ein mittelgroßer, stämmiger Rüde, trickreich und jagdlich extrem erfolgreich. Als Vater trat er sehr energisch und entschlossen auf.* Storms *Fellfärbung veränderte sich im Laufe der Jahre von grau nach fast schneeweiß.*

Rechts: Leitwölfin Aster *war eine hochbeinige, dunkelgraue Fähe, beseelt von einem ausgeglichenen, sozial-freundlichen Grundcharakter. Im BNP bringen betagte Muttertiere nur noch Kleinwürfe zur Welt, ab einem Alter von 9–10 Jahren meistens nur noch einen Welpen.*

BETTY und STONEY – Nachwuchs bei den Cascades

Abseits menschlicher Präsenz, hinter den Bergen im „Cascade-Land", sah es vielversprechender aus. BETTY und STONEY, die neun Jahre alten Eltern, umsorgten einen einzigen Welpen, der all die Zuwendung als Selbstverständlichkeit betrachtete (Bloch 1999). Mit von der Partie waren der zwei- bis dreijährige Teamarbeiter BLACKFACE, die zwei Jahre alte Koordinatorin MRS. GRAY, sowie die einjährigen Spezialistinnen im Babysitting REDEARS und ALPINE. Eigentlich wäre ein Doppelwurf Welpen fällig gewesen, wenn nicht die laktierende Wölfin PALLISER im Frühjahr 1999 in einem außer Kontrolle geratenen Brand ihr Leben gelassen hätte (Bloch & Callaghan 2000).

Zunehmend gelangen mir bemerkenswerte Einblicke in das Ranggefüge der „Cascades". Obwohl STONEY stark humpelte und somit kommunikativ Bewegungseinschränkungen signalisierte, zeigte BLACKFACE keinerlei Ambitionen, den geschwächten Leitrüden herauszufordern. Überaus unterhaltsam fand ich die Aneinanderreihung von Austricksmanövern zwischen zwei Raben, REDEARS und dem Welpen: Erst versuchten die Vögel Fressbares zu stehlen, woraufhin ihnen die junge Wölfin hinterher sprang. Dann schnappte sich BLACKFACE ein herabfallendes Futterstück und begann es friedlich durchzukauen. Den winzigen Moment zwischen Fressen und Rabenbeobachtung nutzte REDEARS blitzschnell aus, um das Objekt der Begierde einzukassieren. Besitzrespektierung à la Wolf.

An einem sonnigen Morgen im Februar 1998 gelang Strategin BETTY eine perfekte Darstellung ihrer Persönlichkeit. Die neuformierten „Cascades" schliefen entspannt auf dem zugefrorenen Minnewanka-Stausee. Ein Blick durch das Teleskop gab verblüffende Neuigkeiten preis: Energiebündel BETTY schnellte hoch, worauf 13 Wölfe einschließlich dem extrovertierten STONEY sofort reagierten und alle aufstanden. Das willensstarke Leitweibchen entschied spontan, nicht auf ihren „hochrangigen Gatten" zu warten. BETTY ergriff selbst die Initiative, marschierte einfach los und alle Familienmitglieder folgten wie Perlen an einer Schnur. Die hier nur knapp vorgestellte Verhaltensbeschreibung erschütterte eine bis dahin in der Kanidenszene akzeptierte Regel in ihren Grundfesten. Soeben war nicht der „Alpharüde als ewiger Gruppenleiter" in Erscheinung getreten, sondern BETTY, die Wölfin mit Charisma! Stoney war offensichtlich heilfroh, eine Lebenspartnerin an seiner Seite zu wissen, die die wesentlichen Dinge des Lebens spontan in Angriff nahm, agierte und Entscheidungen traf.

BETTY liegt nach einer Betäubung auf einer bereitgelegten Decke. Der späteren Gallionsfigur der „Cascade-Dynastie" legte man in jungen Jahren ein Radiohalsband um, dokumentierte ihre aufschlussreiche Lebensgeschichte hauptsächlich aus der Luft. BETTYS Familie lebte im Hinterland von BNP, einem im wahrsten Sinne des Wortes „Wildnis-Areal" ohne Infrastruktur. Zwangsläufig nahm man unter Zuhilfenahme von Telemetrie-Peilgeräten und Spezialantennen ein bis zwei Mal wöchentlich „Inspektionen" aus dem Flugzeug oder Helikopter vor, an die sich die Wölfe erstaunlich schnell gewöhnten. Paul berichtete, BETTY habe manchmal erhaben auf einer Anhöhe gelegen, nur den Kopf gehoben und sei noch nicht einmal aufgestanden, wenn sie aus der Luft „belästigt" wurde.

Spuren im Winter

Exakt 482 Wolfssichtungen (1992-1998) später, dehnten wir unsere freilandethologischen Bemühungen Ende 1998 auch auf die Wintersaison aus. Um den komplexen Lebensstil von STORM und ASTER ganzheitlich zu begreifen, reichten die üblichen Telemetriestudien (ein bis zwei Standortbestimmungen pro Wolf/Tag) und Spurenanalysen nicht aus. Das ist keineswegs abwertend gemeint. Aber wer Detailwissen zum Sozialverhalten des Wolfes erlangen will, kann Verhaltensfragen nur durch Direktbeobachtungen beantworten. Wir blieben je nach Jahreszeit 10 bis 18 Stunden/Tag bei den „Bows" und legten eine Datenbank an, die weniger anfällig war für Manipulationen: ein Ethogramm (Verhaltensauflistung nach Klinghammer 1992) und ein Soziogramm (Beziehungsbestimmung nach Zimen 1971). Auch Mike war der Ansicht, kontinuierliche Langzeit-Observationen seien vonnöten, um Wolfsverhalten im ethologischen und ökologischen Kontext zu verstehen. Auf der Suche nach dem Ursprung wölfischer Strategien pirschten wir uns nicht zu Fuß an, sondern gingen ein wenig experimentell vor. ASTER und STORM begegneten geparkten Autos im Allgemeinen recht arglos, da sie Bestandteil ihres Alltagslebens waren. Deshalb folgten wir ihnen per Geländewagen, waren jedes Mal bereits vor ihnen am Platz des Geschehens und stellten den Motor ab. Mike wertet die Akzeptanz der Wölfe gegenüber geparkten Autos als adaptives Normverhalten an eine vertraute Umwelt. Manche Park-Manager klassifizieren einen Wolf schon als „habituiert", wenn sie ohne Beweis nur vermuten, er sei eventuell gefüttert worden. Laut Paul ist Futterkonditionierung keinesfalls gleichzusetzen mit Habituation. Kleine Anekdote am Rande: Kojoten mit unerschrockenem Grundcharakter „missbrauchen" geparkte Fahrzeuge bisweilen als Deckung, um sich unbemerkt an Dickhornschafe heranzuschleichen, die auf der 1A Salz und andere Mineralien auflecken.

Dieser kleine Trick half uns, den „Bows" kreuz und quer durchs Territorium zu folgen und ihre Vorlieben kennenzulernen: besondere Aufenthaltsorte, Ruheplätze oder weit gefächerte Wanderpfade.

Bowtal-Wolf hinter unserem Geländewagen: Die Adaption von Wölfen an Autos wird von manchen Wildlife-Managern kritisch kommentiert, was wir nicht nachvollziehen können. In afrikanischen Schutzgebieten beobachten interessierte Menschen Tausende Tiere vom Auto aus, ohne dass man hier von einer inakzeptablen „Habituation" spricht.

Über die Frage, ob sie im Winter eine geräumte Straße, Langlaufloipe oder schneefreie Eisenbahntrasse als attraktive Route nutzen würden, brauchten wir nicht nachdenken. Nach E. Pulliainen (1982) besteht eine Präferenz für energieeffiziente Wege, weil die Brusthöhe des Wolfes (um 40 cm) dessen Bewegungsfreiraum bei Schneehöhen ab 40 bis 50 cm limitiert. Modifizierte Wege verschaffen ihnen einen energetischen Vorteil (Paquet 1996). Und den nutzten STORM und ASTER. In den Wintern 1998/99 und 1999/00 notierten wir 88 direkte Sichtungen, davon 54 (61%) auf der 1A oder dem Schienennetz.

Ein lebensraumgeprägter Jungwolf nutzt eine weitestgehend schneefreie Straße, um schneller und energiesparender voranzukommen.

Wolf folgt einem Wildwechsel im Tiefschnee: Der Gebrauch von fest etablierten Wildpfaden verschafft Wölfen ebenso einen Vorteil, wie der einer eisverkrusteten Schneedecke im Spätwinter. Weil große Beutetiere aufgrund ihres Gewichts schneller einbrechen, sich deren Manövrierfähigkeit verschlechtert, erhöht sich der Jagderfolg von Wölfen.

Auch wenn Fundamentalskeptiker Kaniden die Fähigkeit absprechen, kognitive Landkarten entwickeln zu können und gerne als „Fabrikat einer Fiktion“ abtun, liefen STORM und ASTER definitiv häufig Abkürzungen. Studien von M. Gibeau (1997) bestätigen die gleichen kognitiven Verhaltensleistungen bei Kojoten. Kognition ist die Art, wie das Verhalten von Tieren durch Lernen, Gedächtnis und Denken beeinflusst und gesteuert wird (Gansloßer 2007). Bei der Jagd bewies das Wolfspaar zu zweit großes Durchsetzungsvermögen. Zum Hirsche-Töten braucht es eben keinen vielköpfigen „Rudelverband“, sondern Erfahrung, Ausdauer und einen listig-durchdachten Überraschungseffekt aus dem Hinterhalt! Auf der Suche nach Beute liefen die Beiden erst das linke Terrain des Bowtals ab, auf dem Rückweg das rechte. Diese Systematik, der offensichtlich keine geruchliche Orientierung an den eigenen Spuren zugrunde lag, sprach erneut für ein kognitives Erinnern bestimmter Landschaftsabschnitte.

Wölfe wandeln auf menschengemachten Pfaden: Im BNP gehören Wanderwege, Loipen, Seitenstraßen, Parkplätze und andere Tourismuseinrichtungen zum festen Bestandteil des wölfischen Lebensraums.

An dieser Stelle möchten wir für Sie, lieber Leser, folgendes Zwischenfazit ziehen:
Je nach Literaturangabe verlassen 55 bis 70 % aller ein bis drei Jahre alten Wölfe aus rein pragmatischen Gründen ihre Geburtsheimat, suchen einen Paarungspartner oder finden Anschluss an andere Wolfsgruppen (Paquet 1996, Mech 1998, Callaghan 2002). Der Abnabelungsprozess von den Eltern und vertrauten Familienmitgliedern zieht sich mitunter lange Zeit hin. Manche, an den sozialen Rand gedrückte, Individuen kommen und gehen mehrere Male. Unvergessen bleibt Wölfin PLUIE, die ihre Familie 1991 nahe BNP verließ, um weit über 1.900 km nach Idaho (USA) abzuwandern. Nach anderthalb Jahren kehrte sie heim, wurde Mutter und fungierte bis zu ihrem Tod als Leitweibchen. D. Smith (2008) berichtet von einem Weibchen, das abseits seiner Heimat Welpen aufzog, dann aber irgendwann zur ursprünglichen Familie zurückkehrte. Danach produzierte die Gruppe zwei Würfe Welpen, wobei unklar blieb, wie die Dominanzbeziehung der beiden Mütter genau zu definieren war.

Bestenfalls Spekulation ist die These, Wölfe leben primär zusammen, um Jagdeinheiten zu formen. Obwohl sie von Herbst bis Frühjahr gemeinsam große Beutetiere erlegen, bezweifeln D. Mech & L. Boitani (2003), dass die gemeinsame Jagd evolutionsbiologische Antriebsmotoren der Familienbildung bei Kaniden beeinflusst. Die Behauptung „je größer das Beutetier, desto umfangreicher die Gruppengröße" wurde u.a. 2007 im McKenzie-Gebiet wiederlegt. Hier tötete ein erfahrenes Wolfspaar einen Bison. Auch wenn weniger ge-

Die Druid-Wolfsfamilie attackiert eine Hirschgruppe: Eine Abwehrstrategie von Hirschen besteht darin, eng zusammenzustehen, um Beutegreifern weniger Angriffsziele zu bieten. Wölfe versuchen durch Scheinattacken einen Verteidigungsring zu „knacken", in dessen Mitte Hirschkälber Schutz suchen. Ziel ist es, durch Angriffe aus unterschiedlichen Richtungen Panik zu verbreiten, verwundbar erscheinenden Einzeltieren ein Fluchtmuster aufzuzwingen.

schickte Tiere durch die Gruppenzugehörigkeit einfacher an Nahrung kommen, stellt D. Mcdonald (2006) vordergründig die Gruppenverteidigung von Beute und deren schnelles Konsumieren als Vorteil des Zusammenlebens heraus. Die „Ressourcenverteidigungs-Hypothese" besagt, dass ein gemeinsames Interesse an der Nutzung und Verteidigung von Ressourcen besteht.

Wolfseltern kontrollieren alle anderen Beziehungen mittels Entscheidungsfreiheit und „formaler" Dominanz, die durch Vermittlung von Schutz, Geborgenheit, Vorbildfunktion und sozialer Nähe entsteht. Davon zu trennen ist die momentane Dominanz, die nur im direkten Zusammenhang mit Ressourcenwettbewerb steht (Bloch 2007). Der Begriff „Rangordnung" findet nach U. Gansloßer (1998) nur Verwendung, wenn fast alle Gruppenmitglieder genau definierte Dominanzbeziehungen unterhalten, die immer in Zweierkonstellationen getestet und erarbeitet werden. Durch die lange Abhängigkeit von Eltern, erhalten Jungtiere die Möglichkeit zum Lernen komplexer Zusammenhänge, inklusive des Unterwerfens gegenüber Ranghohen. D. Mech prägte 1999 den Begriff des „Eltern-Nachwuchs-Dominanzsystems". „Leader of the pack" ist oftmals ein Weibchen. Im Freiland ist anhand körpersprachlicher Kommunikationsabläufe keine generelle Dominanz eines „Alpharüden" erkennbar. Welche Funktion welches Leittier innehat, hängt vom akuten Handlungsbedarf ab. Wolfseltern pflegen ein vertrauensvolles Verhältnis, das auf Wertschätzung und respektvollem Miteinander basiert. Nicht nur R. Peterson (1995) verweist auf eine tendenziöse Bereitschaft von Wolfspaaren zur „Langzeitmonogamie". Beobachtungen in Banff bestätigen diesen Trend zum „Einmaleins der Solidarität" (z.B. Betty und Stoney / Aster und Storm). Bindungsbeziehungen sind durch Aufrechterhaltung der Nähe zu einem speziellen Partner erkennbar (Feddersen-Petersen 2004). Sowohl erwachsene Rüden als auch Weibchen fungieren als sozial anerkanntes Bindeglied zwischen Eltern und Nachwuchs. „Betawölfe" treten nicht als ständig aggressiv-gestimmte „Abteilungsleiter" auf, die permanent alle Jährlinge malträtieren.

Die Bowtal-Wölfe im neuen Millennium

Durch den Mangel an Verhaltenseinsichten, verkannte man jahrzehntelang, welche entscheidende Rolle weiblichen Leittieren auch außerhalb der Aufzuchtphase von Welpen zukommt. Die pauschale Darstellung vom „Alpharüden“ als zentrale Figur einer Wolfsfamilie, gehört unserer Ansicht nach der Vergangenheit an. Im neuen Millennium waren es vor allem Wolfsmütter wie Kashtin und Delinda, die den „Lebenstakt“ ihrer Familien vorgaben, die uns revolutionäre Erkenntnisse bescherten und staunen ließen. Trotz alledem waren auch sie nicht davor gefeit, aufgrund von menschlicher Überpräsenz, Fehlplanungen und Missmanagement auf unerwartete Schwierigkeiten zu stoßen.

Die Jahre 2000 bis 2002 – Tage großer Emotionen

Das ganze Getöse um eine unfruchtbare Aster, das hier und da aufkam, verstellte ein wenig den Blick auf die Wirklichkeit. Daheim im Bowtal spielten Anfang Juni 2000 die Welpen Nisha und Yukon. Nach U. Gansloßer (2007) wirkt Spiel als optimaler Balance-Findungsprozess zwischen Erregung und Langeweile. Heile Welt also? Der Familienbetrieb lief auf Hochtouren. Noch hing die Versorgung der Kleinen am seidenen Faden. Storm war wegen der schlechten Beutetierdichte zu Höchstleistungen gezwungen. Oft lief er innerhalb von 24 Stunden zweimal mutterseelenallein zum 25 Kilometer entfernten Vermillion-See, wo eine Hirschherde graste.

„Macher Storm", wie wir die Zentralfigur der „Bows" nannten, entwickelte ein ungewöhnliches Interesse an Vögeln. Eines Morgens schlich er sich wie ein Puma tief geduckt an ein Nest heran, auf dem eine Kanada-Gans (*Branta canadensis*) brütete. Ein überlegter Sprung, ein kurzer Biss in den Hals der zirka 120 cm langen Gans, und schon transportierte der kompakte Leitrüde seine Beute zum Bau, wo Lebensgefährtin Aster und die Welpen auf ihn warteten. Empfindsamkeit, Loyalität und der unbedingte Wille, sein enges soziales Umfeld jederzeit zu unterstützen – das sind genau die Eigenschaften, die mich einst zum Wolfsfan werden ließen.

Links: Die Zurückhaltung in Person: Nisha, ein langgestrecktes, graues Weibchen mit ockerfarbenen Fellabzeichen, verhielt sich meistens abwartend und scheu. Oftmals auf sich allein gestellt, entwickelte sie schon in frühester Jugend erstaunliche Jagdfähigkeiten. Nisha unterhielt ein enges Bindungsverhältnis zu ihrem Vater Storm.

Rechts: Yukon, der bemerkenswerteste Wolf aller Zeiten: Extrovertiert, albern, neugierig, verspielt, allem Neuen aufgeschlossen – so stellte sich Yukon dar, ein pechschwarzer Rüde mit weißem Brustfleck. Er war der Prototyp eines Spätentwicklers, ein „Mama-Kind", das seine Mutter Aster geradezu anhimmelte.

Einige Wochen später inszenierten STORM und ASTER erste Ausflüge. Ungestört mit der Kleinmeute unterwegs, stand ein ganz persönliches Trainingsprogramm für den verwegenen YUKON und die zurückhaltende NISHA an. Damit sich das Sensibelchen mehr zutraute und auf Spielaufforderung einging, ließ sich STORM fallen, machte sich bewusst klein und sendete nacheinander eine überdurchschnittlich hohe Anzahl von Spielsignalen aus: Mimikübertreibungen, Vorderkörpertiefstellung, Hopsen. YUKON scheuchte entschlossen seine Mutter, der nach einem Rennspiel zumute war. Da er sich aber nicht jagen lassen wollte, brach ASTER die Aktion ab und mied ihn kurzerhand. YUKON lernte, dass eine Spielaufrechterhaltung etwas mit der Akzeptanz von Rollenwechseln zu tun hat und für alle Spielpartner im ausgeglichenen Verhältnis stehen muss. Einige Zeit später tobten NISHA und YUKON im Lauf- und Bewegungsspiel wenig energieeffizient über die Wiese. Im Spiel fanden ständig Vermischungen von Elementen aus verschiedenen Funktionskreisen statt: Beutefang-, Pflege- oder Sexualverhalten. U. Gansloßer (2007) hält den Begriff „Spieltrieb“ für äußerst ungünstig, weil er eben verschiedene Handlungsbereitschaftssysteme (Funktionskreise) umfasst.

Ende Juli befand sich die Familie fast jeden Tag auf Achse. Um für alle Lebensdisziplinen in Topform zu kommen, weiteten die Eltern ihren Bewegungsradius aus und forderten die Kleinen auf, sich den Verlauf noch unbekannter Pfade sehr intensiv einzuprägen. Wolfseltern besitzen nach D. Mech (1970) und J. Thurber (1994) ein „traditionelles Wissen über Wanderrouten, das von Generation zu Generation weitergereicht wird“. Welpen und juvenile Tiere durchlaufen bis zum Alter von fünf Monaten einen Prozess der Lebensraumprägung, in dessen Verlauf Hirnvernetzungen von räumlichen Informationen zur Entwicklung eines Ortsgedächtnisses stattfinden (Klinghammer 1994).

Eindringlich warnten die Elterntiere YUKON und NISHA zum einen vor der Lebensgefahr, allzu naiv auf dem Bahngleis nach Hirschkadavern zu suchen. Zum anderen lebten sie ihnen vor, wie man verletzten Tieren unerbittlich nachstellt. Ein Drahtseilakt. Laut M. Hebblewhite (2002) schaute man im Revier der „Bows“ auf eine menschenverursachte Todesrate von 0,08 Hirschen/Tag. Die Wölfe selbst töteten 0,17 Hirsche/Tag und lebten Hopp oder Top: Festmahl, oder nichts zu fressen!

Die Vermillion-Seenplatte, in Stadtnähe zu Banff gelegen, ist seit Jahren ein beliebtes Jagdrevier der Wölfe, weil sie hier ganzjährig auf ein variables Beutetierangebot treffen.

Im Sommer 2000 galt mein Interesse vor allem den Dominanzbeziehungen der neuen Truppe. Während gelegentlicher Interessenskonflikte ließ sich einfach ablesen, wer unter den Rüden das Sagen hatte: ASPEN, eher ein nüchtern-analytischer Typ, sendete mehrmals Beschwichtigungssignale (appeasement signals) an BIG-ONE: Licking Intentions, ansatzweises Pföteln, Sich-Klein-Machen. Trotzdem leitete nicht der „Alpharüde der Fairholmes" die wichtigen Alltagsentscheidungen ein, sondern Ideenproduzentin KASHTIN. Die Mutter von sechs grauen Welpen erfand einen genialen Plan und setzte beim Angriff auf einen der rund 470 Stadt-Hirsche die ersten Akzente! Ob wegweisender Aktionsprofi oder stiller Prozessbeobachter – jedes Gruppenmitglied leistete alsbald seinen Beitrag für ein gemeinsames Ziel: die Unschlagbarkeit einer „revolutionären Streitkraft".

Niemals zuvor hatte ein Wolf unter den Hirschen, die Banff als sichereren Zufluchtsort nutzten, so erbarmungslos zugeschlagen wie KASHTIN. Bravo, dachte ich, endlich ist eine Wölfin mit „Mut zum Risiko" angekommen, die es ihren europäischen Kollegen gleichtut und sensationelle Adaptivstrategien entwickelt. In Banff gab es kaum Daten, wenig Erfahrung, aber eine offizielle Statute, die zur Hirschbestandsreduktion einen minimalen Eingriff in Beutegreifer-Beuteverhalten deklarierte, um ökologische Integrität aufrechtzuerhalten (Parks Canada 1994). Auch Mike und Paul bekräftigten, in einem Nationalpark müsse die Tierwelt Priorität haben, nicht Menschen.

Bald erläuterte mir der innere Zirkel, BETTY und STONEY, warum die „Cascades" keine neue Blütezeit erleben würden. Gewiss: Soziale Kompetenz strahlten die alten Leittiere weiterhin aus, denn BLACKFACE, ALPINE und MRS. GRAY verhielten sich respektvoll. Leider war die Familie im Sommer 2000 auf fünf Mitglieder geschrumpft, nachdem REDEARS und der Vorjahreswelpe direkt an der Parkgrenze erschossen worden waren. BETTY und die hektisch-dynamische ALPINE säugten jeweils nur einen Welpen, die sie nun Hand in Hand mit ihren Helfern sorgsam umhegten (Bloch & Callaghan 2000). War der Verlust an Wettbewerbsfähigkeit letztendlich ausschlaggebend, warum dem unvergleichlichen „Rentner-Ehepaar" die letzten Monate eines langen Lebens bevorstehen sollten?

Unten: Die Hirschkuh als Zentralfigur eines Gruppenverbandes: Um die Familienkultur einer Hirschgruppe nachzuvollziehen, ist es unabdingbar, dem Führungsverhalten der Leitkuh besondere Aufmerksamkeit zu schenken. Sie entscheidet und leitet nicht nur alle Bewegungsaktivitäten, sondern attackiert Beutegreifer besonders couragiert.

Rechts: Jungwolf auf der Jagd: Ohne den Langzeitunterricht ihrer Eltern sind Jungwölfe unter einem Jahr kaum überlebensfähig. Jagderprobte Alttiere treffen beim Verfolgen eines Beutetieres blitzschnell „visuelle Absprachen" über den Austausch von Blickkontakten, eine Kommunikationsebene, die die Jungen erst mühsam lernen müssen.

tatsächlich selbstständig eine Maus. Die trug er dann auch gleich „stolz wie Oskar" zu seiner Schwester. Doch NISHA stahl ihm die Beute aus dem Maul und schluckte sie geschwind hinunter. Dann entschied STORM, der nach wochenlangen Entbehrungen wie ein Strich in der Landschaft aussah, kommentarlos, es sei Zeit zu gehen. Die ganze Familie verschwand im Wald.

Red-Deers & Fairholmes – zwei neue Familien etablieren sich

Rückblick: Ganz egal, wie wichtig Professionalität und Teamfähigkeit zur Aufrechterhaltung eines Familienverbunds auch sein mögen – BETTY konnte „ihre" Dynastie der Superlative nicht aufrechterhalten. Im Winter 1998/99 zeigte der Clan massive Zerfallserscheinungen, weil zu viele Jungwölfe ihrem inneren Antrieb nachgaben, nach Paarungspartnern zu suchen. So entstanden 1999 nach „aufbaugleichem Musterverfahren" gleich zwei neue Familien: Die „Red-Deers", denen u.a. die Weibchen MARIAH und CHINOOK, sowie sechs Welpen angehörten, und wenig später die „Fairholmes", die sich im Winter 1999/2000 nordöstlich der Stadt Banff ansiedelten.

Links und oben: Vermillion-Seen und Bowfluss, zwei natürliche Wanderkorridore: Anfangs folgten die „Fairholmes" dem Flussverlauf, bezogen die Durchschreitung der Stadtbrücke von Banff in ihre nächtlichen Wanderungen ein und töteten manchmal zwei Hirsche hintereinander, ohne dass ein Mensch davon Notiz nahm.

Rechts: Statusklärung mittels Köpersprache: Leitrüde BIG-ONE fixiert Nebenbuhler ASPEN, unterstreicht seinen hohen Ranganspruch durch selbstbewusstes Auftreten. Das erfolgreiche Konfliktmanagement von Wölfen fußt auf dem diffizilen Austausch von fein aufeinander abgestimmten Kommunikationssignalen mit Körperbetonung.

Verhalten ist eine Anpassung an Zeit und Raum und ich wollte endlich wissen, wo die Energie für eine kräftezehrende Jagd herkommt. Die Live-Erklärung: STORM setzte täglich aufs Neue stundenlang zum Sprung auf Erdhörnchen oder fette Wühlmäuse (*Microtus pennsylvanicus*) an. YUKON kopierte eifrig den Jagdunterricht seines Vaters. So verfeinerte er durch Erinnerung an spezielle Beuteduftstoffe seine „Nahrungsprägung" (Hess 1973). Das Thermometer stieg auf 31 Grad und die „Bows" verhielten sich ziemlich „handlungsschlapp". Nur YUKON betätigte sich als Wiederholungstäter und fing

Winter 2000/2001 – Verspielte Chancen auf eine Koexistenz Mensch-Wolf

Vom Flair her agierten die „Fairholmes" einfach unwiderstehlich. KASHTINS „Unternehmenspolitik" machte große Fortschritte. Im November 2000 brachte sie ihren Töchtern HOPE, NIEVE, SANDY und Söhnen CHASER, DREAMER und SHADOW bei, kleinste Veränderungen im Alltagsrhythmus der Stadtbewohner zu registrieren und niemals Menschen zu belästigen (Bloch & Bloch 2002). Mittlerweile jagten sie nachts in regelmäßigen Abständen Hirsche und zogen sich morgens diskret zurück. Paul meinte, die Wölfe seien dabei, feste Wanderwege zu etablieren und es entstünde bald ein traditioneller Gebrauch urbanen Lebensraums. Wir waren uns ziemlich sicher: In Banff entwickelt sich eine Koexistenz zwischen Wolf und Mensch!
Aus unverständlichen Gründen wurde der Ton rauer. M. Hebblewhite (2000) argumentierte weitsichtig, eine Hirschbejagung durch menschliche Jäger sei unnötig, um ökologische Integrität zu gewährleisten. C. White (1998, 2001) schlug jedoch genau das allen Ernstes vor, um Verbiss-Schäden an Espenbeständen durch eine „überreichliche" Hirschpopulation zu minimieren. Eine Idee, zwei Welten. Ob die eindeutigen Signale des Baumsterbens am „Tatort" auch mit dem Schadstoffausstoß von Millionen Fahrzeugen in Verbindung stand, untersuchte White nie. M. Hebblewhite bewertete die Dezimierungsrate an Stadt-Hirschen durch KASHTIN & Co positiv. Wir auch. Dennoch trafen Park-Manager die fragwürdige Entscheidung, wahllos 153 Stadt-Hirsche einzufangen und wegen ihres Konfliktpotentials mit Menschen aus Banff abzutransportieren. Jede Hirschherde wird von einem dominanten Weibchen angeführt (Woods 1991). Warum also legte man keine Verhaltensstudie auf, um die Leitkühe aller Stadthirschgruppen ganz gezielt zu identifizieren? Warum negierte man nicht deren „urbanes Traditionsverhalten", welches man im Managementbüro nach Jahrzehnten der passiven Duldung plötzlich als unerwünscht definierte? Nun, entweder wusste man die Tragweite des Einflusses auf die Fairholme-Sozialstruktur nicht richtig einzuschätzen, oder man setzte unverständlicherweise andere Prioritäten. Mike, der die praktizierte Hirsch-Umsiedlung als großen Fehler einstufte, wurde als Bärenbiologe nicht gefragt. So zwang man denn neun Wölfe, schlagartig auf ein Drittel ihres Hirschsortiments zu verzichten. Daraufhin dehnten diese ihren Aktionsradius aus, teilten sich in kleine Jagdeinheiten auf und nahmen weniger Rücksicht auf die Jungen. Die zwei ungeschickten, verträumten Teenager SANDY und DREAMER geisterten entsprechend kopflos um Banff herum oder stöberten vermehrt nach Kleinbeute.

STORM trifft eine kluge Entscheidung

Die „Bows" erwarben im Laufe der Jahre grundlegende Kompetenzen, im Vermillion-Areal Hirsche zu jagen. Aber jetzt beherrschten KASHTIN & Co die Bühne des Nahrungswettbewerbs. Vorort machte sich Ahnungslosigkeit breit, als wir im Februar 2001 plötzlich elf Wölfe (einschließlich der Leittiere) mitten auf dem See liegen sahen. Handelte es sich bei den zwei Fremden, die bestens integriert schienen, um Bekannte oder Verwandte der „Fairholmes"? M. Halfpenny (2003) beschrieb einmal einen grauen Altrüden, den das ranghohe Paar der „Druids" im Sommer 2001 ohne Kampfeshandlungen in ihre Familie aufnahm. Zum Glück besteht die wahre Wolfswelt aus solcherlei Ungereimtheiten!

Der clevere Teamchef STORM stellte sich dem Einmarsch des tödlichen Nachbarclans nicht. Er hielt ab dem Winter 2000/01 für gut und richtig, seine Kleinfamilie mit Überblick und Augenmaß aus der Gefahrenzone zu führen. Die „Bows" mieden das unkalkulierbare Risiko einer territorialen Auseinandersetzung. Sie dehnten ihr Revier im beutetierärmeren Westteil des Bowtals aus, wo sie hin und wieder Biber (*Castor canadensis*) und Bisamratten (*Ondatra zibethicus*) erbeuteten. Laut D. Mech (1977) folgt auf ein reduziertes Beuteangebot eine Reviervergrößerung oder ein intraspezifischer Wettstreit. In den expansiven Wanderungen lag der heimliche Segen begründet, Wölfen über lange Distanzen zu folgen und sich für eine wertfreie Datenerfassung in Bezug auf Führungsambitionen zu engagieren. Wissen, wer's eigentlich tut, hieß die Devise. Leitet der „Alpharüde" eine Gruppe aus dominanzrelevanten Motivationsgründen? Wir filmten 788 direkte Sichtungen nach der „Scan-Methode" und maßen per transportablem GPS alle Distanzen, die jeder Wolf über eine Strecke von 500 Metern zurücklegte. Nach Wehnelt & Beyer (2002) werden so Aspekte des Verhaltens aller Tiere einer Beobachtungsgruppe in möglichst kurzer Zeit überprüft (→S. 37). Spätestens an der Autobahn gab es ein Problem: STORM, eskortiert on ASTER und YUKON, durchschritt eine Unterführung. Dann heulte er am anderen Ende des Tunnels, um die scheue NISHA zu ermuntern, ihm zu folgen. Doch die weigerte sich strikt, blieb allein im Bowtal zurück. Das pfeilschnelle Weibchen entwickelte schon im Alter von sieben Monaten eine besondere Begabung, Schneeschuh-Hasen (*Lepus americanus*) ausfindig zu machen, die immerhin 1,5 bis 2,5 kg wiegen. So überlebte die geschickte Einzeljägerin 28 dokumentierte Trennungen vorübergehender Natur. Neun Mal brachte STORM Futter zu NISHA, wenn er zurückkam. Wir lernten: Soziale Beziehungen funktionieren nur über ein Geben und Nehmen. Übrigens: Auch drei Jungwölfe der „Fairholmes", allesamt sehr scheue Charaktere, brachten nicht den Mut auf, ihr „Tunnel-Handicap" zu bewältigen!

Das Bowtal, der TCH und eine von zwei Ökobrücken (im Bild ganz oben): Wölfe sind „Routinetiere", die traditionelle Wegenetze und Autobahnüberquerungspunkte favorisieren. Manche Individuen benötigten für eine Gewöhnung an die knapp 100 Meter breiten Ökobrücken ein bis zwei Jahre, weil man sie aus rein ökonomischen Erwägungen dort baute, wo sie am preiswertesten zu platzieren waren.

Autobahnunterführung aus Sicht des Wolfes: Aufgrund der Geräuschkulisse des hektischen TCH-Straßenverkehrs, aber auch visueller Einschränkungen, betreten Wölfe Autobahnunterführungen niemals am Tag, sondern grundsätzlich nur zwischen Abenddämmerung und Sonnenaufgang.

Die Gefühlswelt der Wölfe

Hingegen lautete das Lebensmotto von Yukon, dem „Helden ohne Lobby“: Wer Gefühle hat, sollte sie auch zeigen. Was war da los, wenn er bis zum Lebensende Softdrinkdosen vor sich her „kickte“? Warum nahm er stets einen energieineffizienten Umweg, um von einer Anhöhe genüsslich in den Bow-Fluss zu springen? Wie erklären „naserümpfende“ Behaviouristen Yukons Enthusiasmus, regelmäßig auf dem Rücken Berghänge hinunterzurutschen? Pure Lebensfreude? Nicht aus allen Wolfshandlungen lässt sich ein reiner Überlebenswert analysieren. Wir, die ihnen soziale Emotionen und somit eine höhere Stufe des Erlebens zugestehen, schließen uns argumentativ den Pionieren der kognitiven Ethologie J. Goodall und M. Bekoff (2007) an. Diese, und alle Wissenschaftler, die Diskussionen über Parameter wie Bewusstsein oder Gefühle bei Tieren zulassen, ermuntern uns, Wolfsverhalten mit Freude oder Mitgefühl in Verbindung zu bringen. Wer draußen nichts beobachten will, verschone uns bitte mit seinem verstaubten Bild von der „Raubtiermaschine“, die auf äußere Reize nur instinktiv und ohne jedes Gefühl reagiert!

Ein Wolf kann traurig sein, auch ohne zu verstehen, warum er so empfindet. Hier ein nachdenkenswertes Beispiel: Anfang 2001 starb die große Strategin Betty, die acht Jahre lang bis zu 17 Gruppenmitglieder dynamisch vorwärts trieb. Kurz danach fand man den mittlerweile ebenfalls fast elf Jahre alten Sir Stoney tot auf, der zeitlebens auf die rationalen Entscheidungen seiner Lebensgefährtin reagiert hatte. Laut Obduktion befand er sich in guter körperlicher Verfassung, keine nennenswerten Verletzungen. All das, was über das Erklärbare hinaus passiert war, kommentierte Paul sehr nachvollziehbar: Broken heart. Einem Wolfsvater ein gebrochenes Herz zuzugestehen, ist unter Zoologen noch heute mutig, wenngleich M. Bekoff (2006) sagt: Der Plural von Anekdoten ist Daten. Die Beweislast liegt bei denen, die eine Existenz von Gefühlen bei Tieren leugnen! Wir schließen uns M. Bekoffs Forderung an, bleiben skeptisch, sind aber gespannt, ob sein Vorschlag von möglichst vielen anderen Wissenschaftlern aufgegriffen wird.

Wolfsrüde mit „melancholischem“ Gesichtsausdruck: Drastische Verhaltensreaktionen, bestimmte Bewegungsmuster, Körperhaltungen und gestenreiche Gesichtsmimiken lassen erahnen, welche Emotionen Wölfe unter Berücksichtigung des sozialen Kontext ausdrücken.

Sommer 2001 – Konfrontation mit der Zivilisation

Manche ließen sich von der beeindruckenden Fortpflanzungseffizienz der „Fairholmes" blenden, die im April 2001 abermals sechs graue Welpen aufzogen. Bei STORM und ASTER blieb Nachwuchs aus. Laut C. Callaghan (2002) reduziert eine Beutetierabnahme (im Bowtal seit 1989 minus 73%) Nahrungstransportkapazitäten, verändert Bestandsraten. Die raue Wirklichkeit der „Bows" sah grauenhaft aus. Verstöße gegen Geschwindigkeitsbegrenzungen nahmen zu (Autobahn: 90 km/h, 1A: 60 km/h). Kein Wolf kann es sich leisten, in einer Traumwelt abseits menschlicher Infrastruktur zu leben, so wie das manche Manager unrealistischerweise gern hätten. Jedes Alttier verankert in bestimmten Gehirnregionen habitat-spezifische Prägungseinflüsse, die man seit fast zwei Jahrzehnten an den nächsten Nachwuchs vermittelt (→S. 67).

Ein Bus hindert einen Wolf daran, die Parkstraße zu überqueren, woraufhin dieser Heulkontakt zu seiner Familie aufnimmt. Jeder sollte wissen, dass ein gruppen-orientiertes Lebewesen selten alleine unterwegs ist. Faustregel für Parkbesucher: Respektabstand von mindestens hundert Metern einhalten; Motor abstellen und im Fahrzeug verweilen, bis sich das beobachtete Tier deutlich erkennbar entfernt hat.

Das ließ erahnen, wie oft ein Cocktail an Glücks- und Stresshormonen durch die Adern von STORM, ASTER, YUKON oder auch NISHA pulsierte, wenn sie der Autoverkehr zwang, einen Jagdversuch abrupt abzubrechen. STORM versuchte alles, seine Familie vor Unheil zu bewahren. Leider stand die steinalte ASTER im Juni 2001 38 Mal vor dem Dilemma, eine energiesparende Straßenbenutzung aufgeben zu müssen. Wo immer wir Jagdszenen verglichen (n = 19), schaute sich YUKON von seiner Mutter ab, wie man einem Beutetier den Fluchtweg abschneidet. ASTER fungierte zeitlebens als „Blockiererin", STORM und NISHA als „Sprint-Stars". Besteht zwischen einem exklusiven Beziehungsverhältnis und der Verhaltensformung eines Jungtieres etwa ein konkreter Zusammenhang?

Am 30. Mai 2001 wurden die „Bows" auf eine harte Probe gestellt. Ein Kleinlastwagen erfasste unseren Lieblingswolf YUKON, verletzte ihn schwer. Welche Herausforderung bedeutet ein solcher „Betriebsunfall" für das Sozialsystem und die Gefühlswelt einer Wolfsfamilie? YUKONS Bindungspartner Nr. 1, ASTER, die immer ein feines Gespür für die Bedürfnisse und Sorgen ihres Sohnes hatte, wich jedenfalls zwei Monate lang nicht von dessen Seite. Wie stark das Gemeinschaftsgefühl zwischen verwandten Tieren ist, demonstrierten auch STORM und NISHA. Sie fütterten ihre Familienangehörigen mit Kleinbeute (Hasen) durch, bis YUKON Mitte Juli wieder vollends gesundete. Kann man soziale Unterstützung, Bindungsbereitschaft und Solidarität einfacher erklären? Erst regelmäßige Trennungen geben Auskunft darüber, wie stark Bindungen wirklich sind!

„Bei der Entwicklung der Dynamik einer sozialen Beziehung oder einer Struktur, sind die beteiligten Individuen keineswegs nur passiv" (Gansloßer 2007). STORM und NISHA halfen durch Nahrungsübergaben (n = 17), ihre Beziehungsqualität mit ASTER und YUKON noch mehr zu festigen. C. Darvin schrieb schon 1871: „Der geistige Unterschied zwischen Mensch und Tier ist sicherlich nur von gradueller Natur, nicht aber von unterschiedlichem Wesen" (Darvin 1978).

Links: STORM *und* ASTER *agieren,* YUKON *und* NISHA *reagieren: Die Verhaltensformung von Jungwölfen hängt entscheidend von den Absichten ihrer Eltern ab.* ASTER *favorisierte im vorgerückten Alter öfter auf der 1A zu laufen.* YUKON *und* NISHA *passten ihr Verhalten den Gewohnheiten ihrer Mutter an.*

Unten: Ruhestörung durch ein herankommendes Auto: Wolfsindividuen, welche die Annäherung von Fahrzeugen mit stoischer Ruhe quittieren, sind für jeden Autofahrer weithin sichtbar. Scheue Tiere neigen beim hektischen Überqueren der 1A zur Überforderung. Letztere tauchen für den Autofahrer plötzlich und unerwartet auf und werden deshalb öfter zum Verkehrsopfer.

Rechts: Zwei Jungwölfe schlafen zusammengerollt auf der Parkstraße: Eine von vielen Verhaltensreaktionen der Bowtal-Wölfe auf Habitat-Fragmentierung und Infrastruktur ist, nachts und am frühen Morgen die Parkstraße als Schlafplatz zu nutzen.

Leitrüde und Nachwuchs an einem Elchkadaver: Die Betonung einer sozialen Rangordnung steht im krassen Missverhältnis zum wölfischen Fressverhalten. Eine Futterrangordnung mit Rangabfolge ist nur in Zeiten extremen Nahrungsmangels beobachtbar, weil Leittiere von einer ausreichenden Energiezufuhr abhängig sind, um den „Familienbetrieb" aufrechtzuerhalten.

Herbst und Winter 2001/2002 – keine Einigkeit bei den Fairholmes

Laut C. Callaghan (2002) entfernten Park-Manager 217 „habituierte" Hirsche. Mike argumentierte damals, man habe eine historische Chance verpasst. Wenngleich M. Hebblewhite (2000) 1996 bis 2000 kaum Jagdverschiebungen (Hirsch auf alternative Beutetiere) registrierte, herrschte unter uns nach 98 visuellen Kontaktaufnahmen Einigkeit darüber, dass die „Bows" 2001/02 mehr Rehe töteten. Beachtenswert: Die „Fairholmes" bevorzugten alternative Betätigungsmöglichkeiten. Sie suchten in der „Knochengrube" von Canmore 58 Mal nach Tierkadavern. Infolge dieser Krise offenbarte deren Nahrungserwerbsbiografie sowohl ein individuelles, als auch ein gesellschaftliches Problem: Ersteres für Dreamer und Sandy, die man im Juli bzw. August 2001 als „habituiert" einstufte und erschoss (→S. 157). Zweites, weil im Winter 2001/02 im sozialen Umfeld der Stress zunahm. Nach Konflikten herrschte nur selten eine entspannte Atmosphäre. Kashtin und der ohnehin eher ruhig-abgeklärte Big-One spielten statistisch 72% weniger miteinander als im Vorjahr, die Jährlinge kaum noch mit den Welpen. Verhaltensbiologen wie U. Gansloßer (2007) verknüpfen die Funktionen von Spiel mit Notwendigkeiten zur kommunikativen Ritualeinübung, Selbstkontrolle und einer stressabbauenden Komponente im Umgang mit Artgenossen im Sozialbereich. Spiel hat eine Trainings- und Übungsfunktion, verbessert Herz, Kreislauf und Muskelapparate durch leichte Überforderung.

Ich stamme aus der Schule der Verhaltensökologen, die versuchen, aus Verhaltensbeobachtungen zunächst den nüchternen Überlebenswert zu analysieren. Unsere Studien zur hierarchischen Dominanzstruktur an 35 Tierkadavern (3 x Elch; 22 x Hirsch; 10 x Reh) läuteten eine neue Lernphase ein: Die „prinzipielle Fressdominanz eines Alphawolfes" blieb aus, jeder Wolf verteidigte seinen Platz am Kadaver (Schnauzenabstand zum Fressnachbarn) durch Drohmimik, Knurren, Leerschnappen und stark gehemmtes „Aggressionsgeplänkel". Allenfalls im Sozialbereich prallten verschiedene Mentalitäten aufeinander und offenbarten einige beziehungsgestörte Beziehungen: Voller Selbstvertrauen provozierte die 1 1/2 Jahre alte HOPE ihre Mutter, die sie daraufhin in Imponierhaltung umkreiste. Der kesse CHASER, ranghöchster Rüde unter den Jährlingen, prügelte oft auf seine unsichere Schwester NIEVE ein. ASPEN verhielt sich immer eigenbrötlerischer. Die sieben Monate alten Weibchen CHRISTINE und ISABELLE meldeten auf der Suche nach Nahrungsquellen und dem Drang nach Anerkennung gegenseitig extreme Besitzansprüche an. War die Familie ausnahmsweise komplett, behielten KASHTIN und BIG-ONE trotz der vielen Interessenkonflikte den Blick fürs Wesentliche. Sie bewältigten die sozialen Veränderungen in Form von mangelnder Koordination individueller Bedürfnisse schnell und brachen wie ein Uhrwerk zur ergebnisorientierten Jagd auf. Trotzdem war aus einer bestens organisierten Zweckgemeinschaft von fünfzehn Wölfen (neun Erwachsene und sechs Jugendliche) ein zerstrittener Haufen mit wenig Teamfähigkeit geworden. Damit Gruppen koordiniert handeln können, muss nach U. Gansloßer (1998) eine Bedürfnisangleichung erfolgen, und Wissen signalisiert und vermittelt werden. Diese Basis für Vertrautheit ließ deutlich zu wünschen übrig!

Links: NISHA und YUKON im Rennspiel: Regelmäßiges Spiel in der juvenilen Phase ist Garant für eine optimale Entwicklung. Heranwachsende, die zu wenig spielen, entwickeln Defizite im sozialen Miteinander, verhalten sich unberechenbarer und eigensinniger.

Rechts: Wolf und ständige Begleiter an einem Rehkadaver: Geschickte Wolfsindividuen mit Erfahrung und Ausdauer, töten Rehe mühelos im Alleingang, teilen sich die durchschnittliche Biomasse von 100 kg mit Raben und Elstern. Ein imposanter Rehbock wiegt sogar bis zu 250 kg.

Ein großer Verlust für die Bows

Die „Bows" funktionierten hingegen weiter als eingeschworenes Team, bildeten eine harmonische Gemeinschaft, in die jedes Individuum seine Erfahrungen und Eigenschaften zum Vorteil aller einbrachte. Am 27. Oktober 2001 sahen wir einen Grizzly, der schnurstracks auf Aster zuging. Storm und Yukon rannten sofort wütend-drohend los, drängten den Bär von Aster ab, die sich in einem schlechten körperlichen Zustand befand. Auch der Neurowissenschaftler A. Damasio gesteht Tieren hoch-differenzierte soziale Emotionen zu. Die Schaltstelle liegt im zentralen Nervensystem. Dass Emotionen einen hohen Überlebenswert garantieren und innerhalb von Millisekunden helfen, bei Gefahr richtig zu reagieren, bewies Nisha, die mitten in der Verteidigungsaktion Aster half, in Deckung zu gehen. Aber all diese Stärke erhielt einen gewaltigen Dämpfer. Aster magerte bis auf die Knochen ab. In der ersten Novemberwoche 2001 sahen wir das 10 ½ Jahre alte Leitweibchen zum allerletzten Mal. Mit ihrem Tod gingen viel Sanftheit, soziales Engagement und Weisheit für immer dahin.

Yukon und Nisha traf das Ableben ihrer Mutter besonders hart. Tagelang drückte ihre körpersprachliche Gefühlswelt nur eines aus: Traurigkeit. Unsere Dokumentation stand im krassen Widerspruch zur Telemetrie-Analyse von J. Wasylyk (2002), nach der Aster ab Mitte November nicht mehr mit dem „Rudel" wanderte. Na wie auch? Tatsächlich ging auch Storm nach dem Verlust seiner Lebenspartnerin nicht sofort zur Tagesordnung über und lief lange Zeit unruhig hin und her. Jeder Wolf vokalisiert seine eigene Heulfrequenz, die uns allesamt geläufig waren. Die Melodie des Geheuls, die Storm in jenen Tagen anstimmte, klang anders...

Hope hatte im Rennen um Aufmerksamkeit und Status zu hoch gepokert. Die Hauptstärke von Kashtin lag darin, der Neigung ihrer aufmüpfigen Tochter in Richtung Sozialstatusverbesserung eine schnelle Problemlösung entgegenzusetzen. Im November 2001 ging sie ohne Zögern entschlossen vor, drohte Hope unmissverständlich, sprang sie an und jagte sie davon. Im Alter von sechs Wochen ist nach E. Zimen (1998) der oberste und unterste Sozialrang festgelegt. In der sozialen Mittelschicht beobachtet man hingegen ein ständiges Gerangel. Deren Vertreter bleiben oft länger in einer Gruppe. Hope, die damals schon alle anderen Welpen mit ihrem forschen Elan einschüchterte, verließ die „Fairholmes" mit 19 Monaten. Nach Pauls Erklärung war deren Entschluss ebenso typisch wie für den unterwürfigen Shadow, weil Ranghoch und Rangniedrig eine Familie am ehesten verlassen. Naheliegend: Hope suchte intuitiv Anschluss an die „Bows". Anfang Dezember 2001 erwarb sie Storms Sympathie, verhielt sich gegenüber dem 7 ½ Jahre alten Rüden zunächst sehr unterwürfig. Einige Zeit später stand einer Familienneugründung nichts mehr im Weg.

Links: Heulender Jungwolf gibt seinen momentanen Standort bekannt: Manche Feldforscher mutmaßen, Kleinfamilien würden ihr Vokalisationsverhalten (Chorheulen) den Umständen anpassen, um benachbarte Wolfsgruppen zu beeindrucken. Die situative Veränderung von Tonfrequenzen soll einen umfangreichen Gruppenverband vortäuschen, der real gar nicht existiert.

Eine Wölfin wechselt die Fronten: Hope *war ein klassisch-graues, eher zierliches Weibchen, mit viel Temperament und Explorationswille. Im Februar 2002 paarte sich die menschenscheue Fähe mit* Storm.

Die Sache mit dem Duft

Hundeartige sind Makrosmaten. Sie leben in einer Welt der Gerüche (Stöhr 2008). Wolf wie Hund verfügen über 200 bis 220 Millionen Geruchsrezeptoren (Fogle 1992). Manche Kreise verallgemeinern gerne, jegliches Markieren diene ausnahmslos der territorialen Anzeige, bzw. der Unterstreichung von Dominanzansprüchen. Nein, das Absetzen von Kot- und Urinmarken als langanhaltende Informationsquelle kann an Reviergrenzen bewusst unterlassen werden! Ein Beispiel: Anfang Februar 2002 expandierten die „Fairholmes" zum ersten Mal ins Kernterritorium der „Bows". Feldforscher erleben nicht alle Tage, mittendrin zu sein im Zeitgeschehen. Damals erkundeten zwölf Wölfe neugierig die nähere Umgebung (Bloch & Bloch 2002). Nach zwei Tagen verschwanden sie genauso unerwartet wie sie gekommen waren, ohne eine einzige olfaktorische (chemische) Botschaft zu hinterlassen. Kein Scharren, was laut Bekoff (1979) zumindest ein visuelles Signal gewesen wäre. Welch gut durchdachter Test, einen unbekannten Revierabschnitt zuerst diskret und ohne Provokation zu untersuchen!

Wir erwarteten von den „Bows" wenigstens einen gewissen Grad an Revierabgrenzung, doch STORM und HOPE verzichteten auf jede Form einer gezielten Markiermaßnahme. R. Nickels (1992) Ausführungen zufolge, können Duftstoffe bei der Territorienmarkierung der Geschlechterfindung oder der sozialen Kommunikation eine Rolle spielen. I. Stephan (1996) fand heraus, dass es signifikante Unterschiede in der Urinkonzentration gibt, die abhängig ist von Alter und Tageszeit. Duftmarken haben Einfluss auf Verhalten. Dem gegenseitigen Übermarkieren eines Elternpaars (STORM/HOPE; KASHTIN/BIG-ONE; STORM/ASTER; BETTY/STONEY) lag sicherlich eine soziopositive Komponente zugrunde, ein Ausdruck von Verbundenheit (n = 288). Auch Kot kommt eine „kommunikative Funktion" zu. Alle Wolfspaare setzten im Innenterritorium Kot an auffälligen Stellen wie Weggabelungen, Baumstümpfen oder auf Schneehaufen ab (n = 97). Laut C. Asa (1985) sind 3 bis 9 % aller Kothaufen mit Analdrüsensekret versehen. YUKON und NISHA kennzeichneten in erster Linie Wege und Treffpunkte (n = 67). Viele Fairholme-Jungwölfe ebenso. Dies dient nach C. Sillero-Zubiri & D. Macdonald (1998) wahrscheinlich der Gewöhnung, Vertrautheitsschaffung und individuellen Eigenorientierung. Der „gemeine Schnösel" neigt bisweilen zur Konfusion. Dann überprüft er seine eigenen Duftnoten, die ihm Hilfestellung leisten, zum zentralen Familien-Treffpunkt zurückzufinden. NISHA hatte eine solche Orientierungshilfe selten nötig (n = 48), YUKON anscheinend umso mehr (n = 164)! Überhaupt scheinen Weibchen zukunftsweisende Mentalstärke etwa ein bis zwei Monate früher zu erreichen als Rüden. Das Ergebnis schlägt sich besonders in Erfolgsquoten bei der Jagd nieder.

Links: Wolf wie Hund beschnüffeln regelmäßig Eigenurin und Kot, ein Verhalten, das lange Zeit rätselhaft erschien. Heute wissen wir, dass sie so exklusive Duftstoffe einprägen, um sich im Revier zurechtzufinden.

Rechts: Urinmarkierungen von Beutestücken oder Spielzeug dienen Wolf wie Hund eher der individuellen Wiedererkennung und Vertrautheitsschaffung, denn pauschal besitz-anzeigendem Verhalten.

Die Fairholmes verlieren ihren Revieranspruch

Glück im Unglück hatte Hope, die Anfang Februar 2002 auf der Autobahn angefahren und verletzt wurde. In einer spektakulären Rettungsaktion versorgten Storm, Yukon und Nisha das trächtige Weibchen sechs Wochen lang, bis Hope, fit und gut genährt, den alten Erdbau inspizierte. Dieses Resultat wird eingefleischte Liebhaber der „Killer-ohne-Herz-Theorie" hoffentlich in Panik versetzen. Wie stark die Gefahren eines von Menschen dominierten Lebensraums wirken, sollte sich im März und April 2002 zeigen. Zuerst fand man Aspen, den Vizechef der „Fairholmes", auf dem Highway tot auf. Danach entfernte man den Leichnam der einjährigen Christine, die kaum noch Fettreserven aufwies, von den Gleisen der CP. Der schmerzliche Verlust der zwei wichtigen Helfeshelfer belastete die Versorgung von Mutter Kashtin stark, zumal die zweijährige Nieve nie mehr zur Familie zurückkehrte und Seelchen Isabelle fast nur alleine unterwegs war. Kashtin und Big-One, die drei Welpen betreuten, besetzten bei der Verfolgung von Hirschen nur noch ganz selten das Revier der „Bows". Stratege Storm verhielt sich unglaublich raffiniert. Für ihn ging es schon seit Herbst 2000 um nichts Geringeres als um die Frage, wie er seine Familie vor den „Fairholmes" bewahren konnte. Folglich wichen die „Bows" unter seiner Regie zeitweise in den entfernten Yoho Nationalpark aus. Im Frühjahr 2002 schrumpfte der Kashstin-Clan auf sechs Mitglieder. Das territoriale Konfliktpotential löste sich langsam auf: Die „Bows" eroberten ihren alten Wanderkorridor, der sich quer durch die Vermillion-Seenlandschaft schlängelt, diskret, jedoch zielorientiert zurück!

NANUK *als neun Monate alter Jungrüde mit goldenen Augen und im Alter von 4 Jahren mit unterschiedlicher Augenfärbung: Im BNP weist zirka ein Drittel des Wolfsbestandes eine schwarze Fellfärbung auf (Bild links), die sich im Laufe der Jahre bei allen uns bekannten Tieren stark veränderte (Bild rechts). Das schwarze Fellpigment soll nach Aussagen von DNA-Fachleuten ursprünglich repräsentativ für Hunde gewesen sein, bevor diese sich gelegentlich mit Wölfen verpaarten.*

Sommer und Herbst 2002 – NANUKS Geburt

Am 13. Mai 2002 legten Parkangestellte nach etlichen Fehlversuchen HOPE ein Radiohalsband um. STORM, YUKON und NISHA transportierten bisweilen Hirschbeine zum Erdbau. Hier warteten vier schwarze und zwei graue Welpen. Zunächst ließ sich kein offenkundiger Grund ausmachen, warum sich die Wolfsbabys so lethargisch verhielten. Der Befund einer Blutprobe brachte Gewissheit: HOPE war mit Parvo-Virus-Erregern infiziert! Allmählich lichteten sich die Reihen der immungeschwächten Welpen. Interessanter Querverweis: In Yellowstone überlebten laut D. Smith 1999 nur 40% der Welpen einen Staupeausbruch. 2008 gab es hohe Verluste durch Viren, die häufig über Haushunde eingeschleppt werden.

Die unregelmäßige Ernährung nahm direkten Einfluss auf ihre Widerstandsfähigkeit. Ich musste den Show-down machtlos mit ansehen: Fünf Welpen starben, nur einer überlebte. Sein Name: NANUK! Der für jede Albernheit offene Rüde, wuchs prächtig heran und lotete schon im Alter von elf Wochen die Zustimmung der Alten aus, an allen Streifzügen teilhaben zu dürfen. Die fühlten sich dem unternehmungslustigen Einzelkind wohl irgendwie verpflichtet, nahmen ihn mit. Zwischenzeitlich wiesen ihn STORM, HOPE oder Onkel YUKON, der selbst im Erwachsenenstadium noch immer clownhaft agierte, auf Beute am Eisenbahngleis hin. Eine Schattenseite ihrer „kulturellen Bilanzierungspraxis“.

Gottlob mehrten sich NANUKS Überlebenschancen, als die „Bows“ viele Jagdbemühungen entlang des Flusses auf die Verfolgung von unvorsichtigen Rehen ausrichteten. Von diesem Moment an stellten STORM und HOPE Beutetieren sogar auf Inseln nach. YUKON schnitt jedem Reh an Ort und Stelle den Fluchtweg ab. Mittlerweile packte der bullige Jäger, dessen Körpergewicht wir auf zirka sechzig Kilo schätzten, im Alleingang zu, tötete selbst einen Rehbock im Handumdrehen. I. McAllister (2007) beobachtete an der Westküste Kanadas regelmäßig Wölfe, die über eine Distanz von 13 km zu Inseln schwammen, um sich dort nach Beute umzusehen.

Diese Vorgehensweise war sicher außergewöhnlich, aber offensichtlich beileibe nicht unergiebig. Auch Paul berichtet von schwimmenden Wölfen, die hin und wieder Opfer von Orkas werden und die einheimische Natives gerne als „Wölfe des Ozeans“ bezeichnen.

Am Streit um Beutestücke beteiligen sich alle Familienmitglieder gleichermaßen. Der Hartnäckigste gewinnt. Beim Objektspiel ist kein Anstieg von Dominanzrelevanz bzw. Statuserhöhung nachweisbar. Zerrspiele dienen schlicht der individuellen Aufmerksamkeitserhöhung.

NISHA, ein sanftes Weibchen muss gehen

Für uns waren die „Bows“ lange Zeit der Inbegriff familiärer Idylle. NISHAS Unsicherheit verstärkte sich dagegen im Sommer 2002 zusehends. Die Konflikte häuften sich. HOPES „Zickenkrieg“ nahm an Fahrt zu, ihre Drohmimik und Gestik signalisierte klare Angriffsbereitschaft. Sie trat ständig herausfordernd auf, die zuvor ausgewogene Dominanzbeziehung kippte. NISHAS Fluchttendenzen spiegelten völlige Überforderung und sozialen Stress wieder. Nach Brooms (2001) Definition ist Stress ein Umwelteffekt auf ein Individuum, der dessen Kontrollsystem überlastet und zu nachteiligen Konsequenzen, letztendlich reduzierter Fitness führt. NISHAS Verhaltensreaktion auf die ständige Bedrohung hieß Abschied nehmen, auch wenn ihr das sichtlich schwer fiel. Anfang Herbst 2002 verließ sie ihre Heimat. Karins Lieblingswölfin, die sich eigentlich stets ernsthaft um sozialfreundliche Integration bemüht hatte, wanderte frustriert in den äußersten Nordwesten vom BNP ab.

Der Zerfall der „Fairholmes“

Die erfolgsverwöhnten, ehemaligen Trendsetter von nebenan, trumpften nie mehr so auf wie in den alten Tagen. KASHTINS ehrgeiziger Plan, die letzten Familienangehörigen nochmals zu mobilisieren, geriet ins Stolpern. Am Ende versuchten sie und BIG-ONE beinahe alles: Mal hielten sie östlich und südlich von Canmore Ausschau nach neuem Lebensraum, der anstelle von Banff als Jagdrevier überzeugender erschien. Mal verstärkten sie ihre Bemühungen, alle drei (im Oktober 2002 sechs Monate alten) Jungen zum Abstauben von Tierkadavern aufzufordern. Jährling JIMMY, ein ziemlich eigensinniger Typ, und CHASER, der ewige Streithammel, kündigten zwischenzeitlich sogar ihre Kooperationsbereitschaft auf. Zarter besaitete Individuen wie ISABELLE liefen nach dem sozialen Zerwürfnis planlos umher.

Es war ein Lehrstück darüber, wie verletzlich die „Fairholmes“ auf manipulative Eingriffen in einen Naturkreislauf antworteten. Trotzdem nahmen die Verantwortlichen sehr unterschiedliche Standpunkte ein. Für die Verringerung der Tötungsrate von 0,35 Stadt-Hirschen/Tag/Rudel im Winter 2000/01 auf 0,12 im Winter 2001/02 sei eine Kombination aus Management und wölfischer Expansion verantwortlich, mutmaßte J. Wasylyk (2002), weil im Westen von Banff mehr Hirschbullen verfügbar waren und im Osten die Knochengrube. Wir widersprachen dieser harmlos klingenden Erklärung. Warum sollte eine Wolfsfamilie optimale Nahrungsgrundlagen aufgeben, Energie vergeuden und mir nichts dir nichts in unbekanntes Terrain expandieren? Zudem zählten wir weniger Bullen, nicht mehr. Die sahen sich gezwungen, in Banff nach Paarungsgelegenheiten Ausschau zu halten, weil im westlichen Bowtal kaum noch reproduktionsfähige Hirschkühe lebten. Nein, letztlich bezahlten die „Fairholmes“ den ultimativen Preis für überhastetes Missmanagement.

NANUK *auf der Mäusejagd: In mageren Zeiten konzentrieren sich Wölfe auf die Jagd nach Kleinbeute. Alle Kaniden unterscheiden Geräuschkulissen, die nur einen achtel Ton auseinander liegen, nehmen hohe Frequenzen aus dem Ultratonbereich wahr, bzw. orten das Quietschen eines Beutetieres in weniger als einer 100-stel Sekunde.*

Storm & Yukon und die Fallensteller

Anfang Dezember 2002 versammelten sich die „Bows“ um einen toten Elchkadaver. Ein Teil direkt (Hope und Nanuk), ein Teil wenig später (Storm und Yukon). Zehn Tage dauerte es, bis der Kadaver komplett konsumiert war, schließlich ist ein Elch fast eine halbe Tonne schwer. Dann trommelte Storm alle Familienmitglieder zum gemeinsamen Aufbruch zusammen. Beim Versuch, Rehe zu jagen, erreichten die vier Wölfe insgesamt elf Mal jene Hemmschwelle, an der sie immer öfter scheiterten: Kein Zugriff auf Beute! Mike, Paul und wir fordern seit langem Radarkontrollen, Bodenschwellen und andere Maßnahmen, um den Autoverkehr auf der 1A zu beeinflussen. Nach den ständigen Störungen suchten die „Bows“ am 9. Dezember 2002 das weit entfernte Columbia-Tal auf. Aus ihrer Sicht ein verlässlicher Lebensraum mit vielen Hirschen.

Eine fatale Fehleinschätzung. Das, was die Beutegreifer als „unberührte Natur“ empfanden, torpedierten ortskundige Jäger tatkräftig. Fallensteller sehen bereits Einzelwölfe als „Auskundschafter für eine Invasion“. Postwendend erfolgt eine „feindliche Übernahme“. Ich glaube, es war C. Morgenstein, der einmal sagte: „Wehe dem Mensch, wenn nur ein einziges Tier im Weltgericht sitzt.“

Kurz vor Weihnachten verhedderten sich Storm und Yukon im Columbia-Tal in gut getarnten Schlingen, die ein Fallensteller aufgestellt hatte. Sie starben qualvoll. Für uns brach eine Welt zusammen. Hope und Nanuk kamen mit dem Schrecken davon. Wie sollte es weitergehen: eine Inzuchtverpaarung zwischen Mutter und Sohn, Verletzungen bei der Jagd oder elendiges Verhungern? Hopes Gegensteuern, einzelnen Rehen über zwanzig Kilometer bis zur Erschöpfung nachzustellen, wirkte anfangs wie ein untaugliches Strohfeuer. Nanuk blieb tagelang allein, hing bei 62 % aller unserer visuellen Kontaktaufnahmen (n = 207) auf der Parkstraße oder den Eisenbahnschienen herum. Je öfter es ihm gelang, Mäuse zu erbeuten oder einfach inaktiv zu sein, desto mehr Chancen hatte er, diese schlechten Zeiten durchzustehen.

Ein Elch streift durch eine Wiesenlandschaft: Wenngleich sich viele Wolfsfamilien in Nordamerika auf die koordinierte Elchjagd spezialisiert haben (z.B. Isle Royale/USA oder in Alaska), zeigen die „Bows“ bis heute starke Hemmungen, ein solch extrem wehrhaftes Beutetier anzugreifen. Elchmütter, die Junge führen, gelten in Fachkreisen nicht zu unrecht als äußerst gefährlich und aggressiv, verteidigen ihren Nachwuchs vehement.

Defensive Drohmimik eines erwachsenen Weibchens gegenüber einem verunsicherten, juvenilen Rüden: Nicht geschlechtsgebundene Bedürfnisangleichung um Ressourcen bedingt den Einsatz einer „aggressiven" Kommunikation. Gegenseitiges Drohen und Protestieren sorgt für momentane Klarheit. Bis auf wenige Ausnahmen setzen die Kontrahenten ihre Nahrungsaufnahme nach solchen Scharmützeln unbeirrt fort.

Gegenseitiges Drohen zur Sicherung einer günstigen Fressposition: Ob Wettbewerbs- oder Selbstschutzaggression – in beiden „Kategorien“ ist entgegen der herkömmlichen Meinung keine lineare (geschlechtsgebundene) Rangordnung erkennbar. Im Gegenteil: Oftmals sind es weibliche Tiere, die ihre Ansprüche gegenüber Rüden beharrlich durchsetzen!

Das Jahr 2003 – Ende einer Illusion

Jagd auf Beute

Im Januar schaffte es die 2,5 Jahre alte Wolfsmutter HOPE mit Ach und Krach, einem Puma Beute streitig zu machen und den Rehkadaver zu beschlagnahmen. Später entdeckte die kreative Jagd-Perfektionistin einen Hirsch hoch oben auf einer Bergkuppe. Notlagen erfordern Erfindungsgeist. HOPES alternativer Jagdansatz bestand darin, den Bullen nicht frontal zu attackieren, sondern taktisch klug weitläufig zu umrunden. Ein finales Orientierungswittern, dann griff sie an. NANUK schaute ihr wie ein Lehrling über die Schulter. Dann hetzten beide den riesigen Geweihträger (Schulterhöhe zirka 1 1/2 m) bergab, bis der sich auf der hastigen Flucht die Knochen brach. NANUK stellte sich beim Überspringen von Felsvorsprüngen sehr geschickt an, mischte kräftig mit. Die Teamarbeit gelang, der Hirsch war tot. Zum wiederholten Mal sahen wir, dass Wölfe sofort nach der Tötung den Bauch eines Beutetieres aufreißen, denn hier ist die Haut am dünnsten (Bloch 2004). Dann zerrten sie den Magen heraus, ließen ihn liegen, fraßen den Darm samt Inhalt, der „vorverdautes Grünzeug" enthält. Als Nächstes machten sie sich über die inneren Organe wie Herz und Leber her, die offensichtlich die meisten Nährstoffe enthalten. Laut D. Mech & L. Boitani (2003) hat der Wolf seine Ernährung im Laufe der Evolution seinem Lebensraum und einer Vielzahl von Nahrungsquellen angepasst. Er ist zum Fleisch konsumierenden „Allesfresser" geworden. In Übereinstimmung mit D. Feddersen-Petersens Beobachtungen, rührten HOPE und NANUK den Vormageninhalt nicht an, sondern wälzten sich nur darin. Im Anschluss daran kamen Raben, Elstern und andere Vögel und pickten unbekümmert im eigentlichen Mageninhalt herum.

Wir staunten, wie sehr sich der hochsozial organisierte Wolf selbst noch in einer ungünstigen Konstellation (Mutter und Jährling) durch „unorthodoxes Denken" auszeichnet. Auch für die anschließende Problemstellung hielt die kluge HOPE eine Lösung parat: Am 5. April 2003 lag ein junges Grizzly-Männchen bereits am Platz, als sie und NANUK von der anderen Seite den halb konsumierten Kadaver angingen. Innerhalb weniger Minuten arrangierten sich Bär und Wolf ohne jede wettbewerbsaggressive Konfrontation. Die flexiblen Kontrahenten ignorierten alles Nebensächliche und fraßen gemeinsam.

Der letzte Auftritt des Fairholme-Paares

Im März 2003 besuchte KASHTIN das alte Höhlengebiet. Doch das war größtenteils abgebrannt. Park-Manager hatten aus Gründen der Waldverjüngung bewusst ein „kontrolliertes Feuer" entfacht (→S. 159). KASHTIN, die drei Jahr lang versuchte, ihre Nachkommen vor voreiligen Fehlentscheidungen zu bewahren, wurde zur „Königin ohne Reich". Sie wanderte ab. BIG-ONE, der zumindest im Kern jederzeit für stabile Sozialstrukturen gesorgt hatte, starb nach einer unbedachten Risikoabwägung auf dem Highway östlich von Canmore. Das Grundkonzept der „Fairholmes", mit einer funktional-adaptiven Sichtweise und Spezialwissen in Menschennähe heimisch zu werden, war endgültig gescheitert. Der Traum von flexiblen Wölfen, die ungestört und diskret Stadt-Hirsche erbeuten, war aufgrund krasser Fehlentscheidungen endgültig ausgeträumt. Nach KASHTIN und ihren „Fairholmes" hat sich bis zum heutigen Tag kein Wolf mehr getraut, in unmittelbarer Nähe zu Banff auf die Jagd zu gehen. So bleibt das „Stadt-Hirsch-Problem" weiterhin bestehen, bzw. wird durch geradezu obskur anmutende Missmanagement-Maßnahmen (z.B. planlose aversive Konditionierung) versucht, zu lösen.

Eine weitere Ungereimtheit kündigte sich im Spätsommer 2003 an, als HOPE den 16 Monate alten NANUK verließ und sich im Kootenay Nationalpark ansiedelte. So etwas hatten wir noch nie erlebt: weit und breit nur ein einziger Wolf! NANUK besann sich auf eigene Tugenden, jagte selbstständig und ging so gut es ging allen Gefahren aus dem Weg. In der Norm muss ein ganzer Sommer und erster Winter vergehen, bis klar ist, ob ein Jungtier wirklich überlebensfähig ist. Das hatte der „letzte Mohikaner" des Bowtals mit Hilfe von HOPE geschafft. Die wegweisende Beschädigung von zwei Wolfsfamilien warf eine Grundsatzfrage auf: Hatte NANUK überhaupt noch eine Chance?

Ein Wolf dreht blickvermeidend von einem Bär ab: Beutegreifer sind zu Überlebenszwecken mitunter bereit, friedlich zu koexistieren. Unterschiedliche Spezies können die Köpersprache des Gegenübers einschätzen und deeskalierende Signale des Desinteresses kommunizieren.

Als kleiner Trost für all die Rückschläge, die auch wir wegstecken mussten, stellten wir die zusammengefassten Verhaltenseinsichten aus 812 direkten Beobachtungen wie folgt zusammen:
Eine Rangordnung wirkt gruppenstabilisierend. Sie begründet sich auf der Minimierung kämpferischer Auseinandersetzungen. Ranghohe Tiere signalisieren nach Konflikten Versöhnungs- und Beruhigungsgesten, wodurch nichtgeschlechtsgebundene Freundschaften entstehen.
De Waal (1986) unterscheidet zwischen Versöhnung, Beruhigung und Trost, je nachdem, von wem die Handlung ausgeht. Opponenten wägen in Konfliktsituationen zwischen Eigeninteresse und Toleranz ab, entwickeln individuelle Fähigkeiten zur Abschätzung von Energieaufwand und Erfolg. Diese Ambivalenz wirkt sich auf das Droh- und Kampfverhalten aus (Talacek 2005).

Jede Dominanzbeziehung ist (je nach Raffinesse und Gespür) von einer Diskrepanz zwischen Durchsetzungsvermögen und Unterwerfung, bzw. Machtdemonstration und der Notwendigkeit zur Partnerschaft gekennzeichnet. Laut H. Sambraus (1997) sieht man individuelle Bedarfsdeckung und Schadenvermeidung als grundlegende Verhaltensfunktionen für eine erfolgreiche Auseinandersetzung mit der Umwelt und sich selbst an.

Jungwölfin unterwirft sich mit submissivem Grinsen: Die Vorleistung eines Rangniedrigen besteht in übertriebenen Unterwürfigkeitsbekundungen, die seitens des Ranghohen oft mit Körper-Anheben, Rute-Aufstellen und Fixierung Beantwortung findet. Dominanzbeziehungen verändern sich, sind mitnichten auf alle Zeiten festgelegt.

Das Führungsverständnis eines Wolfspaares:
Nanuk (links) beobachtet die Spurenaufnahme seiner Lebenspartnerin und reagiert auf deren Aktiv-Verhalten. Wolfseltern und Nachwuchs stimmen ihre Bewegungskonfigurationen permanent ab, ihr Führungsverhalten wechselt oftmals im Minutentakt.

Abseits von Rangabfolge und Geschlecht leitete der orts-vertrauteste Wolf mit der größten Altersweisheit und Überzeugungskraft am häufigsten. Im Kernrevier führten Jungtiere eine Gruppe zu 34% der Gesamtzeit, bzw. entschieden Richtungs- und Aktivitätswechsel (Bloch 2006). Im Tiefschnee gingen sie, bzw. „Fährtenspezialisten" voran. Sie schaufelten eine tiefe Furche frei, in der die Alten vor der eigentlichen Jagd Energie sparen konnten (n = 55).
Laut D. Mech (2000) oder D. Smith (2002) halten sich Wolfseltern aus Gründen der besseren Übersicht gerne inmitten einer Gruppenformation auf. Im Außenrevier überließ man die Anführerrolle meistens dem Risikomanagement eines bisweilen etwas unruhig erscheinenden Leitrüden, der durch taktische Gefahrenabwägung ggf. Schutz vermittelte (n = 109). Eine unvorsichtige Expansionspolitik kann fatale Folgen für die Aufrechterhaltung des eigenen Reichs haben. J. Sands (2004) zeigte in ihrem Versuch an Wölfen, dass ranghohe Tiere einen höheren Stresshormonspiegel haben als Rangniedrige.

Die Zuteilungsbeziehungen und Auseinandersetzungen um getötete Beutetiere hingen rangunabhängig von der unterschiedlichen Verfügbarkeit von Biomasse, Futterqualität und der jeweiligen Situation ab (Bloch 2005). Von 840 notierten Mischverhaltensweisen wie Drohen bei gleichzeitigem Beschwichtigen, die Kämpfe vermeiden und individuelle Fresspositionen anzeigen sollen, standen an Elch- und Hirschkadavern rund 90% in keinem Zusammenhang mit einer hierarchischen Rangabfolge. Um getötete Rehe registrierten wir weniger wettbewerbsbezogene Drohelemente, da ein Leittier die „geklumpte Beute" in 22% aller Fälle in Beschlag nahm. Obwohl jedes Individuum nach N. Enquist (1985) beim Wettbewerb um eine Ressource ökonomisch sein muss, damit die „Konfliktkosten" den Energiegewinn durch Futter nicht überschreiten, demonstrierten laktierende Mütter in der Aufzuchtphase ihrer Jungen an allen Beutetieren „weibliche Dominanz". Wölfe sind Opportunisten, fressen kleine Säugetiere, Vögel, Insekten, Fische und verschlingen Kleinbeute völlig rangunabhängig ansatzlos.

Die chemische Zusammensetzung von gesetzten Marken (Kot und Urin) ist sehr komplex, ebenso, wie es der Informationsgehalt dieser sein kann (Stoehr 2008). Wolfseltern verteilten kleine Mengen an Urinmarken räumlich nicht etwa zufällig an erhöhten Plätzen, weil Geruchsstoffe eine begrenzte Ressource darstellen (Gorman 1983). Jungtiere urinierten große Mengen und nicht zielgerichtet bis zu einem Alter von 18 bis 20 Monaten (n = 111), was der klassischen Abwanderungszeit entspricht (Bloch 2007). Dem Markierverhalten gingen zu 90% friedlich einzustufende Verhaltensweisen voran wie gemeinsames „Gruppenriechen" (n = 422). Das ritualisierte, zielgerichtete Übermarkieren und Scharrverhalten der Leittiere werteten wir in Übereinstimmung mit J. Bernal & J. Packard (1997) als Festigung eines Zusammengehörigkeitsgefühls. Neu entstandene Paare wie Storm und Hope oder Kashtin und Big-One übermarkierten extrem häufig, was laut R. Rothmann & D. Mech (1979) auf die Funktionen Stärkung der Paarbindung, Synchronisation der Reproduktion und Territorialität hinwies. Dennoch: Revierpatrouillieren, -markieren und -verteidigen ist Sache aller, und nicht das Vorrecht der Ranghohen (Gansloßer 1998).

Ranghohe Wölfe beiderlei Geschlechts kratzen und scharren nach dem Markieren, was sowohl der weiten Streuung chemischer Duftstoffe dient, als auch eine visuelle Territorial-Botschaft vermittelt.

Geschlechts- und rangspezifische Körperstellungen beim Markieren: Leitrüden markieren ebenso wie Leitweibchen mit angewinkeltem Hinterlauf (raised leg urination). Rangniedrige männliche Tiere urinieren im „Vierfüßerstand" (standing urination), weibliche Tiere in Hockstellung (squat urination).
Das auffällige Markieren und Scharren von Wolfseltern scheint auch eine visuelle Rangdemonstration in Richtung Nachwuchs zu enthalten, der die Urinstellen von Leittieren interessiert beschnüffelt, jedoch niemals übermarkiert. Wolfseltern verschaffen sich durch körpersprachlich-betontes, strategisch platziertes Urinieren und Koten einen gewissen Handlungsspielraum, den Jungtiere beiderlei Geschlechts jederzeit unwiedersprochen akzeptieren. Die Markier-Rechte von Ranghohen wurden noch nie in Frage gestellt, eine aggressiv-gestimmte Freiraumbegrenzung oder gar Auseinandersetzung konnten wir noch nie beobachten.

Die Jahre 2004/2005 – Zwischen Hoffen und Bangen

Es war Zeit innezuhalten und kritisch nachzudenken. Würden Wildlife-Manager zu aversiven Konditionierungsmaßnahmen (→S. 157) greifen, weil sich NANUK seit Herbst 2003 unerschrocken in übersichtlichem Terrain aufhielt? Eingefasst in sattes Gras, stieß der „lonely wolf" ausgerechnet entlang der 1A auf die ergiebigsten Erdhörnchenkolonien. Ein zielorientiertes Kopfdrehen, ein ansatzloser Sprung – und NANUK schnappte sich in guten Zeiten bis zu drei Erdhörnchen (*Spermophilus columbianus*) pro Stunde. Jedes von ihnen stellt immerhin ein gutes Pfund Biomasse dar. Nach Mike und Paul müssen sich Beutegreifer im BNP an die Präsenz von Menschen anpassen dürfen, oder ihr Überleben ist nicht gesichert. Jeder Umweg, jede zu überbrückende Distanz, um Menschen zu meiden, bedeutet zwangsläufig einen Anstieg an Energiekosten (Callaghan 2002). Gewiss, NANUK hielt zu Menschen den notwendigen Respektabstand, fiel nie unangenehm oder aggressiv auf. Zum Glück wurde es Mitte November kalt, der erste Schnee fiel. Touristen sah man nur noch vereinzelt. Im Januar 2004 verließ er das Bowtal, war wie vom Erdboden verschluckt. Anfang Februar tauchte er plötzlich mit einem schüchternen, zirka drei Jahre alten Weibchen auf. Um die neue Beziehung zu vertiefen, investierte NANUK viel Zeit. Er leitete APRIL, die sich als Zuwanderin „klassisch" reaktiv verhielt, unermüdlich durch sein Heimatgebiet und zeigte schon im Alter von 22 Monaten ein Faible für Wachsamkeit. Es sah so aus, als ob er Eindruck schinden und APRIL für eine gemeinsame Nutzung und Verteidigung des Reviers gewinnen wollte. Tatsächlich führte die neue Allianz zu einem verbesserten Futterzugang, und zur Sicherung der Fortpflanzung. Die beiden paarten sich im Februar.

Nach Pauls Aussagen lernen alle Jungkaniden (hier Kojote & Rotfuchs) über Versuch und Irrtum, ihren Beutesprung auf einen 45 Grad-Winkel einzupendeln, wenn sie Jagderfolg verbuchen wollen. Luftsprünge dienen dem lautlosen Anflug an kleine Beutetiere. Im Sommer konzentrieren sie ihre Jagd oft auf Erdhörnchen (rechts).

Endlich wieder Nachwuchs im Bowtal

Schon zweimal, erst ASTER und dann HOPE, hatten Wölfinnen die wichtigsten Erdbauten des Bowtals getestet, mit gemischtem Ergebnis. Jetzt, Ende Juni 2004, war APRIL wieder an gleicher Stelle aktiv, kümmerte sich um einen schwarzen und zwei graue Welpen. Für das ehemalige Einzelkind ergaben sich wegweisende Perspektiven: Familienvater sein, Verantwortung tragen, Nachwuchs ernähren und Gefahren fernhalten. NANUK war geradezu „kinderverrückt" und ließ die Kleinen oft auf sich herumtrampeln. Dass Gutmütigkeit und Nachsicht für einen Wolfsvater keine ungewöhnlichen Eigenschaften sind, beschreibt R. McIntyre (2005), der den alten Chef der Druids (Yellowstone) im Juni 2004 einfach weggehen (oder sich gar verstecken sah), wenn ihn seine Welpen am Schwanz zogen oder in die Ohren zwickten. Zu einem Großteil, so haben Wissenschaftler herausgefunden, verhalten sich Wolfseltern trotz manchmal verwirrender „Jobvielfalt" souverän und friedfertig. Da sie aber Aufgaben „ohne Ende" zu bewerkstelligen haben, reagieren sie dann und wann alles andere als souverän. „Abgeklärtheit" ist beileibe kein Dauerzustand, wie uns vor allem so manche Hundetrainer weiß machen wollen.

Unten links: Die hoch trächtige APRIL kreuzt die 1A: Ihr grau-weißes Erscheinungsbild glich dem von KASHTIN ungemein, eine verwandtschaftliche Beziehung blieb spekulativ. APRIL war ein ausgeglichenes, kräftiges, zirka 45 kg schweres Weibchen. Timberwolf-Damen wiegen im Schnitt 36 bis 42 kg. Männliche Tiere sind mindestens einen Zentner schwer, besondere Prachtexemplare wiegen 15 bis 20% mehr.

Unten rechts: NANUK inmitten von zwei Jungwölfen: Er demonstriert köpersprachliche Präsenz mit leicht angehobener Rutenstellung. Eine der sozialen Aufgaben von Wolfseltern ist es, sich ggf. zwischen zwei Streithähnen so zu postieren, bis diese eventuelle Animositäten augenblicklich beenden.

Rechts: Alpine Zone des Kootenay Nationalpark: Im Sommer und Herbst wandern Wölfe gelegentlich entlang der steilen Bergpässe zwischen Banff und Kootenay, wo sie mitunter Dickhornschafen und Bergziegen nachstellen, die 100 bis 150 kg, bzw. um die 90 kg schwer sind. In der Vergangenheit musste der ein oder andere Wolf sein Leben lassen, nachdem ihn ein Steinschlag oder eine Schneelawine bei der Jagd auf die behänden Kletterer überraschte.

NANUKS Sohn TIMBER, ein Jungspund mit offenem und direktem Wesen, trug am 31. Oktober 2004 einen Stock geradewegs auf unser Auto zu und kaute genüsslich darauf herum. Das war wieder so eine Szene, die keiner erklären kann, über die man sich amüsiert und die ich gerne in meinen Seminaren zum Fachthema „versteckte Retriever-Gene in Wolfsblut" erzähle. Die beiden anderen Jungtiere waren mittlerweile gestorben. Da hatten es NANUK und APRIL geschafft, lauter gesunde Kinder zu produzieren, und jetzt musste TIMBER den ganzen Winter 2004/05 solo bleiben, ohne gleichaltrige Spielpartner. Schicksalhafter Zufall oder erschreckende Selbstverständlichkeit für die Zukunft der „Bows"?

Die Patchwork-Familie im Kootenay Nationalpark

Gesucht und gefunden wird in Wolfskreisen offensichtlich nur das, was ins Bild passt: HOPE traf im Januar 2004 nach vielen Irrwegen auf den allein erziehenden Rüden AKILI, der zwei graue, zehn Monate alte Brüder im Schlepptau führte. Die mittlerweile zur Persönlichkeit gereifte, fast vier Jahre alte Wölfin, nahm gleich das Zepter in die Hand. Eigentlich sind Dominanzbeziehungen zwischen den Geschlechtern selten, aber sie existieren sehr wohl, abhängig von Umweltfaktoren und Gruppenzusammensetzung. Ob Neuling HOPE die status-niedrigen Angehörigen der bereits bestehenden Familiengruppe zuerst konfrontierte, wissen wir nicht. Wahrscheinlicher war, dass alle neuen Beziehungspartner gleichzeitig zueinander Kontakt aufnahmen. Den 21 Monate alten AKILI schienen HOPES selbstbewusstes Auftreten und Schutzqualitäten schier zu begeistern. Die aktive Leistung der Jungen, der Ersatzmutter einen ungehinderten Zutritt zu Nahrungsressourcen zu ermöglichen, unterstrich nochmals E. Zimens (2001) Argument, wonach sich Dominanzbeziehungen von unten nach oben stabilisieren, nicht umgekehrt. Die zwischen allen Mitgliedern der neuen Sozialeinheit ausgetauschten Verhaltensweisen (Interaktionen) bestätigten HOPE bald als unumstrittene Clan-Chefin. Und das, obwohl AKILI eigentlich „Heimrecht" besaß. Letztlich ist laut U. Gansloßer (20007) je nach Erfahrung und Altersverteilung in einem Paar das Weibchen dominant, in einem anderen der Rüde.

Grizzy-Bären durchstreifen ein Rendezvousgebiet: Wenn Grizzlies in ein Höhlengebiet eindringen, antworten Wölfe viel wachsamer und beharrlicher als im Wettstreit um einen Tierkadaver, weiß D. Smith (2006) aufgrund seiner vielen Erfahrungen zu berichten.

Man konnte schon in Versuchung kommen, beim Anblick der „Kootenays" ins Schwärmen zu geraten. Sie führten ein ziemlich unbeschwertes Leben, denn Rehe gab es Vorort zahlreich. Besonders HOPE manövrierte sich auf der Jagd regelmäßig erfolgreich in eine gute Position, jagte und erbeutete selbst Hirschkühe im Alleingang. Dabei brachte sie den ganzen Sommer 2004 das Kunststück fertig, alle Autobahnüberquerungen unbeschadet zu überstehen (n = 28). Vater AKILI präsentierte sich keineswegs als belangloses Anhängsel, bewachte vielmehr zwei neue Welpen. Dass Alarmbereitschaft keineswegs gleichermaßen auf alle Gruppenmitglieder verteilt ist, lehrten uns die beiden Jährlinge, die sich am häufigsten als Wächter hervortaten. Eines Morgens entdeckten sie einen Grizzly, der den Welpen bedrohlich nahe kam. Die Herrenriege bellte Alarm und griff den verdutzten Bär selbstlos und entschlossen an.
Oftmals wird wild spekuliert, Wölfe würden niemals bellen. Diese Aussage ist nachweislich falsch. Sehr wahrscheinlich kommt Bellverhalten bei Gehegetieren nur sehr sporadisch zum Ausdruck, schließlich sind sie – durch menschliche Obhut „wohl behütet" – kaum irgendwelchen brenzligen Lebenslagen ausgesetzt. In der Wildnis herrschen andere Regeln. Hier machen gefahrenrelevante Alltagsgeschehen einen Großteil des wölfischen Wachverhaltens aus, das zwangsläufig wütend vorgetragenes Bellen beinhaltet. Wer Welpen vor Attacken durch einen Grizzly, Schwarzbären und Puma schützen muss, ist gezwungen, heftig zu reagieren, seine Verteidigungsbereitschaft durch Belllaute und andere Vokalisationswarnungen (Knurren, Brummen) deutlich vernehmbar zu unterstreichen. An dieser Stelle sei nochmals betont, dass manche Verhaltensbereiche frei lebender Wölfe kaum noch vergleichbar sind mit denen von Tieren, die man in Gefangenschaftshaltung vergesellschaftet.

Von November 2004 über den Winter bis hin zum März 2005 hielt die erfreuliche Entwicklung an. Die „Kootenays" meisterten alle Irrungen und Wirrungen. Möglicherweise hätten wir sogar noch weitere Positivmeldungen verbucht, wenn die Batterie von HOPES Peilsender nicht leergelaufen wäre. Übersetzt hieß das wohl, von „Prinz" AKILI & Co für immer Abschied zu nehmen.

Das Jahr 2005 – Nanuk und das Recht auf Respekt

Die soziale Kompetenz von Wolfseltern beruht auf Wissen, Lebenserfahrung, Pflichterfüllung und dem gelegentlichen Verzicht auf so manches Prioritätenrecht, das Ranghohen eigentlich zusteht (Bloch 2005). Im Sommer 2005 tummelten sich um denselben Erdbau wie im Vorjahr sechs Welpen, vier schwarze und zwei graue. Die Kleinen zogen ihren Eltern Knochen aus dem Maul, sprangen sie an, übten „Beuteschütteln" in deren Fell. Irgendwann riss Nanuk der Geduldsfaden. Er zeigte Drohverhalten und grenzte einen der Welpen körperlich stark ein, um ihm deutliche Auskunft über die eigene Gemütsverfassung zu geben. Ein schwarzer, männlicher Welpe war besonders kess. Dessen Risikoeinsatz, seinen Vater ins Ohr zu beißen, endete jäh: Der Papa hob die Lefzen an, griff über den Fang des Kleinen und drückte ihn auf den Boden. Klischeevorstellung hin oder her, April machte bei einer ihrer Töchter von den großen Variationsmöglichkeiten „den Schnauzengriff" betreffend Gebrauch, indem sie deren Kopf ohne Zähne-Zeigen zärtlich ins Maul nahm. Die „Kommunikationsgestaltung" und ritualisierten Verhaltensweisen wechselten je nach Stimmung, je nach Situation. Wolfseltern nehmen neben der Vermittlung einer gewissen „Coolness", die auf unerfahrene Gruppenmitglieder durchaus überzeugend wirkt, vor allem soziale Verantwortung ernst (Bloch 2004). Die Funktion von Abbruchsignalen (cut-off-signals) ist eine klare Sprache ohne Missverständnisse, eine „Aufbauhilfe" zur sozialen Verständigung, beugt Konflikten vor und verhindert ernste Auseinandersetzungen. Welpen lernen durch gegenseitige Schmerzzufügung Beißhemmung (Zimen 2003). Die Alttiere sorgen durch deutliche „Ansagen" für Klarheit und sie signalisieren, welche Grenzüberschreitungen man nicht toleriert. Auf Regelverstöße, die es zu unterlassen gilt, weisen sie sofort hin.

---

1 Ein Jungtier nähert sich stürmisch den ruhenden Eltern. Zunächst begrüßt die junge Tochter den Vater durch submissives Verhalten, gepaart mit „Licking Intentions" und sprintet dann sofort weiter zu ihrer Mutter.

2 Die Wolfsmutter ist von der Ruhestörung nicht gerade begeistert und zeigt ihren Unmut durch einen gezielten eingesetzten „Schnauzgriff". Danach legt sie sich wieder hin und döst, als ob nichts gewesen wäre, weiter.

3 Daraufhin rennt die Jungwölfin wieder zum Vater, ein weiterer Jungwolf stürmt heran. Nun wird es auch dem Leitrüden zu viel und er ermahnt seine sich unterwürfig verhaltenden Kinder durch „Lefzen anheben".

4 Der Nachwuchs hat die Ermahnung verstanden und verhält sich nun ruhig. Nach einem Blickaustausch zwischen den Elterntieren, legt sich auch der Leitrüde wieder hin.

1

2

3

4

Rechts: Ein ängstlicher Jungwolf versucht verzweifelt, dem sommerlichen Massenverkehr auf der 1A auszuweichen. Seine panische Körperhaltung und Gesichtsminik spricht Bände.

Unten: Jugendlicher Wolf inspiziert ein Hinweisschild: Die einzige „Hilfestellung", die man dem verunsicherten Jungrüden offiziell zubilligte, bestand im Aufstellen des Verkehrsschildes „Wildlife on road". Geschwindigkeitskontrollen oder regelmäßige Patrouillen im Zentralrevier der „Bows" hielt man für unangebracht.

Ein Jagdunglück macht alle Hoffnungen zunichte

Am 28. Juni 2005 änderte sich alles grundlegend. Bei einer tollkühnen Jagd auf einen Wapiti schlüpfte April in die Anführerrolle, trieb Nanuk an, ihr zu folgen. Doch mangelnde Disziplin wurde ihr zum Verhängnis: Der Hirschbulle trat heftig aus, (womit ein Wolf bei jedem Angriff auf ein großes Beutetier zu rechnen hat), und traf dabei Aprils linken Vorderlauf. Nanuk versuchte unter allen Umständen, jeden Fehler zu vermeiden, achtete genau auf alle körpersprachlichen Details des Beutetieres. Sein gründlich-durchdachter Entschluss, nach anfänglicher Jagdmotivation auf die Bremse zu treten und den kampfbereiten Hirschen davonziehen zu lassen, rettete ihm das Leben. Ja, ich weiß, „schwammige Begriffe wie Trieb oder Motivation erklären zunächst einmal überhaupt nichts", weil sie nach U. Gansloßers (2007) Erklärung „kaum einer messbaren und damit exakt quantifizierbaren Analyse zugänglich sind". Aprils überbordendes Angriffsverhalten hatte zu einer irreparablen Schwächung der Familie geführt. Ihre Überlebenschancen sanken nahezu auf Null, weil sich Nanuk mit der Versorgung der sechs hungrigen Racker vollkommen überforderte. Indem er sich beim ständigen Hin- und Herrennen durch das riesige Revier verzettelte, überstrapazierte er seine Rolle als sozialer Teamleiter bei Weitem. Ende Juli 2005 gab es ernstzunehmende Hinweise darauf, dass bereits fünf Welpen verhungert waren. April lag zur gleichen Zeit 35 Kilometer von der Höhle entfernt zusammengekauert in einer Mulde. Da ihr Bein gebrochen war, vegetierte sie allmählich immer mehr dahin, bis sie letztendlich starb. Wer hoffte, in dermaßen kritischen Zeiten würde man die Versorgungslage der „Bows" durch Bereitstellung einiger Tierkadaver verbessern, wurde bitter enttäuscht. „Manipulative Ein-

griffe in die Natur" kommen anscheinend nur in Betracht, wenn Parkangestellte wie im Frühjahr 2002 sechs Kadaver auslegten, um einen Wolf zwecks Besenderung zu ködern (Wasylyk 2002).

Im Frühherbst verschwand auch der letzte Jungwolf vom Erdboden. Der komplette Nachwuchs 2005 war sehr wahrscheinlich verhungert. NANUK lief doppelt gestraft einsam durch die Bowtal-Landschaft. Wieder einmal reduzierte sich die Frage auf dessen Gemütszustand. Wir erinnern uns: Dann, als wir Anfang 2004 allerwenigsten damit rechneten, fand der Supersingle seine erste große Liebe: APRIL. Der Begriff Liebe kommt in den Aussagen vieler Wissenschaftler kaum vor, wenngleich selbst E. Zimen (2002) zugibt: „Es scheint, dass die Innigkeiten der Beziehungen zwischen manchen Wölfen vergleichbar sind mit denen, die wir unter uns mit Zuneigung und Liebe bezeichnen". Der Trubel um den großen Meister hielt an. NANUK, der es immer wieder geschafft hatte, Schicksalsschläge wegzustecken, wanderte den ganzen Herbst 2005 länger und tiefer in den westlichen Abschnitt des BNP. Auf der intensiven, verzweifelten Suche nach einer neuen Lebenspartnerin, tauchte er im benachbarten Yoho Nationalpark ebenso auf wie in Kootenay. Manchmal verließ NANUK sein eigentliches Heimatgebiet wochenlang und legte dabei riesige Distanzen zurück.

Das innige Beziehungsverhältnis zweier Wolfsindividuen kommt unter anderem durch häufiges Parallellaufen mit engem Köperkontakt zum Ausdruck.

Das Jahr 2006 – Hier kommt Delinda-Superstar

Ende November 2005 hörten wir ein ausgesprochen kommunikatives Heulen. Eine Funktion der wölfischen Vokalisationsäußerungen ist nach D. Mech (1977) das Bestreben eines allein umherziehenden Tieres, einen Partner zu finden und sich für den Überlebenskampf zusammenzutun. Von einer Sekunde auf die andere stand das „Geschenk des Himmels" höchstpersönlich vor unserem Auto: Schwarz und von edlem Aussehen, selbstbewusst, neugierig. NANUK, nunmehr 3 1/2 Jahre alt, freute sich königlich über die Ankunft der fortpflanzungsfähigen Fähe. DELINDA, die zwei bis drei Jahre alt sein musste, war bereit zur Teamarbeit. Sie hopste in der Folgezeit verzückt mit NANUK umher. In der Hochranz 2006 kam es zur Paarung.

Das ungemein forsche Auftreten der Zugewanderten ließ uns anfangs etwas ratlos zurück. Doch der entscheidende Unterschied im Grundcharakter erklärte alles: NANUK verhielt sich bisweilen etwas verlegen, aber immer höflich. DELINDA gab sich hingegen kraftvoll-dynamisch, durchsetzungsstark, stolz und unbeeindruckt. Beziehungspartnerschaften sind generell von individuellen Persönlichkeiten abhängig. Wen wunderte es da noch, dass DELINDA sogar in unbekanntem Terrain als Hauptentscheidungsträgerin auftrat? Unterwegs folgte ihr NANUK auf Schritt und Tritt in einer Art Tandemführung, bei der laut H. Kummer (1988) „ein Tier vorangeht und das andere mit direktem Körperkontakt folgt". Eins schien sicher: DELINDA kam, sah und siegte!

Eine kluge Mutter erkennt die Gefahr

Nachdem NANUK seine neue Weggefährtin mit der „hauseigenen" Höhle vertraut gemacht hatte, gebar DELINDA vier schwarze Welpen. Von Mitte Mai bis Ende Juli 2006 setzte das Wolfspaar im Umgang mit den Kleinen einen besonderen Schwerpunkt auf nuanciertes Sozialspiel. NANUK entpuppte sich dabei als wahres Genie im Grimassenschneiden. Insgesamt herrschte ein freundlicher, meist sogar harmonischer Umgangston vor, erste exklusive Bindungsverhältnisse entstanden. DELINDA zeigte im Zerrspiel um Objekte sowohl aufmerksamkeitserhöhtes Verhalten als auch stark gehemmte Aggressionsbewegungen, was im Sinn von D. Feddersen-Petersen (2004) nochmals verdeutlichte: „Fairness ist typisch für soziale Caniden, schafft die Voraussetzung für ihr ausgefeiltes Sozialspiel auf hohem Niveau. Fairness ist adaptiv, sie hilft Tieren, in ihrer spezifischen sozialen Umgebung zu überleben". Diese unumstößliche Tatsache bewiesen die vielen Schnauzenkontakte, freundlich gestimmten Pflegemaßnahmen und ungezwungen initiierten Körperkontaktaufnahmen sehr anschaulich. Sozialer Zusammenhalt sichert das Überleben einer jeden Wolfsfamilie.

Links: Nanuk *überprüft unseren Beobachtungsposten: Vorsichtigkeit, Bedachtheit, Schutzbereitschaft – das sind die Grundeigenschaften, die* Nanuk *am besten charakterisieren. Der dunkelgraue, schlanke und hochbeinige Leitrüde weist eine enorme Schulterhöhe von fast 80 cm auf, der Durchschnitt liegt im Bereich von 72 bis 75 cm.*

Oben: Delinda *stürmt heran: Willensstärke, Entscheidungsfreudigkeit und soziale Kompetenz sind die Attribute, die Leittierpositionen auszeichnen, nicht Körpergröße und Gewicht.* Delinda *war eher von kleiner, untersetzter Statur und mit einer Schulterhöhe von zirka 67 cm dem mittleren Durchschnittswert zuzuordnen.*

Ständiger Konflikt und Streit um Nebensächlichkeiten kann man sich nicht leisten, will man die raue Wirklichkeit als erfolgreich agierende Einheit meistern. DELINDA fungierte als Idealbesetzung für den Familienaufbau. Dennoch konnte sie nicht verhindern, dass eine junge Tochter im August 2006 auf der 1A im Straßenverkehr starb, eine andere Mitte Oktober angefahren und schwer verletzt wurde. Wolfsforschungen im Bowtal sind für uns irgendwie Segen und Fluch zugleich. DELINDA bezog sofort unmissverständlich Position und nahm beim Schlafen regelmäßig Körperkontakt mit ihrer verletzten Tochter auf. Doch damit nicht genug. Anfang November 2006 trug sie einen Rehkopf nachweislich über eine Strecke von neun Kilometern zum Rendezvousplatz. Diese Prozedur wiederholte sich im Abstand von ein bis maximal drei Tagen (n = 21). Nach den Gesetzen der „Survival-of-the-fitest-Hypothese" hätte sie ihre kostbare Energie sparen müssen, sich verstärkt aufs Überleben ihrer gesunden Kinder LAKOTA und CHINOOK konzentrieren sollen. Stattdessen unterstützte sie in erster Linie ein gebrechliches Familienmitglied. Wir werteten DELINDAS beherzte Versorgungsmaßnahmen im Verständnis von M. Bekoff (2002) als moralanaloges Verhalten, als Erkenntnis sozialer Zusammenhänge. Höchstwahrscheinlich aus Sicherheitsbedenken kam DELINDA dann noch auf den glorreichen Gedanken, den gesamten Nachwuchs durch gezielte Nahrungsübergaben am zentralen Treffpunkt zu halten.

Paul fragte uns: Warum sollte eine besorgte Mutter keine neue Verhaltensstrategie entwickeln, ihre Kinder von offensichtlichen Gefahrenquellen der Infrastruktur fernhalten? Jede Kultur hat einen Anfang fügte er süffisant hinzu. Was andernorts milde belächelt wird, sind für uns unvergessliche Live-Erlebnisse. Hilfestellung leisten ist zweifelsohne eine repräsentative Wolfseigenschaft. Sowohl die Formung spontaner Adaptiv-Allianzen als auch deren ausdrucksstarke Individualität widerspricht dem verallgemeinernden Bild, das R. Coppinger (2002) von ihnen zeichnet: „Wenn man einen Wolf gesehen hat, kennt man sie praktisch alle". K. Kotrschal (2003) argumentiert hier zu recht: „Die Evolution ist ein zielloser Prozess, in dem der Zufall Regie spielt".

Links: DELINDA nimmt auf der 1A eine wohlverdiente Auszeit: Die Aufzucht von Welpen geht an die Substanz, ist anstrengend und kräftezehrend. Wolfsmütter verlassen den Erdbau in unregelmäßigen Zeitabständen, um abseits des Gruppengeschehens wieder regenerieren zu können.

Rechts: Schwarzer Welpe im Rendezvousgebiet: Wolfskinder gelten als „Nesthocker". Sie verbringen die ersten drei bis vier Lebenswochen in der Höhle, haben hier anfangs nur Kontakt zu ihrer Mutter, wenig später, wenn diese wieder zur Jagd aufbricht, auch mit der Haupt-Babbysitterin und mit allen anderen Familienmitgliedern.

Winter 2006/2007 – Vorbereitung aufs Leben

Trotz zahlreicher Versuche, den schlechten Zustand des jungen Weibchens durch Nahrungstransporte wieder zu verbessern, an denen sich auch Vater NANUK beteiligte (n = 8), starb sie Mitte Dezember 2006. Die Elterntiere forcierten in den darauffolgenden Wochen ein förderliches Kommunikationsklima, ermunterten LAKOTA und CHINOOK zu Rennspielen und zu sozialen Begrüßungszeremonien (n = 33). DELINDA war zweifellos die Gruppenseele, wurde mit Leichtigkeit mehreren Rollenprofilen gleichzeitig gerecht.

Mal bestach sie als rigorose Krisenmanagerin, dann wieder als Anlaufstelle für soziale Verständigung. Um sich auf gemeinsame Interessen zu einigen, übte DELINDA mit ihrem Nachwuchs einen ritualisierten, frei kombinierten Signalaustausch ein. D. Feddersen-Petersen (2007) definiert Kommunikation als „eine Übertragung von Informationen und einen Prozess, bei dem der Sender das Verhalten des Empfängers durch Aussenden von Signalen beeinflusst".

LAKOTA – *der erste erwachsene Sohn von* NANUK: *Anfangs verwechselten wir den zierlichen, schwarz-braun gefärbte Rüden aufgrund seiner hell-untermalten Schnauze mit* DELINDA. LAKOTA *respektierte den hohen Rangstatus seines Vaters, zeichnete sich als geselliger „Team-Player" aus und beschäftigte sich viel mit dem Nachwuchs des nächsten Jahres.*

CHINOOK – *ein submissiver Wirbelwind: Die schlanke, der Normgröße entsprechende „Tochter des Hauses" reagierte beim Anblick von Menschen grundsätzlich äußerst vorsichtig.* CHINOOK *verhielt sich innerhalb der Gruppe temperamentvoll und agil und bekundete gegenüber allen Familienmitgliedern extreme Unterordnungsbereitschaft.*

Delinda mit Vogel im Maul: Wolfseltern transportieren u.a. unentwegt Kleinbeute aller Art zum Bau. Obwohl sie im Sommer deutlich an Gewicht verlieren, scheint die Gesamt-Energiekosten-Bilanz irgendwie aufzugehen.

Derweil bezog Nanuk die beiden Jugendlichen in seine Mäusejagd mit ein, was deren aufgabenbezogenes Beobachtungslernen eindringlich illustrierte. Die nachhaltigste Orientierung erhielten die Youngsters beim Aufspüren und Töten von Rehen. Delinda lebte ihnen die Fähigkeit vor, Beute auf dem Bow-Fluss bewusst aufs Glatteis zu treiben, Panik zu erzeugen und günstige Gelegenheiten zu reflektieren. War ihnen Jagdglück beschieden, bestand die Priorität im Verschlingen von so viel Nahrung wie irgend möglich. Wölfe können bis zu 20 Pfund in einem „Menügang" verspeisen (Mech 1977). Nach dem Fressen bevorzugten die „Bows" sonnige Ruheplätze, die sie vermutlich ganz gezielt aufsuchten, um Verdauungsprozesse zu beschleunigen.

Nanuk fand eine gewisse Zurückhaltung als angebracht. Dennoch ließ sich der in sich ruhende Leitrüde von der „Turbo-Queen" nichts vorschreiben. In perfekter Ergänzung zu Delinda ging er (wann immer notwendig) auf freiwilliger Basis gezielt eigene Ziele an: als routinierter Turm in Abwehrschlachten gegen Grizzly-Bären (→S. 143), bzw. als wandelndes Gefahren-Frühwarnsystem. Außerdem verfügte er über die besondere Begabung, sich als ausgleichender Ruhepol im Sozialbereich einzubringen und je nach Stimmungslage kognitiv in die Gemütsverfassung anderer Gruppenmitglieder zu versetzen. D. Feddersen-Petersen (2004) beschreibt „Soziale Kognition als ein Forschungsgebiet, das sich mit dem Verständnis von Individuen und sozialen Vorgängen befasst". Ende März 2007 setzten sich die „runderneuerten Bows" zusammen aus Aktivposten Delinda, dem „pingeligen" Perfektionisten Nanuk, dem effizienten Koordinationstalent Lakota und der scheuen, stets sozial-freundlichen Mitläuferin Chinook.

Sommer 2007 – Neuer Nachwuchs bei den Bows

Die enge Sozialbeziehung zwischen Delinda und Nanuk war alles andere als eine Momentaufnahme, wie wir Ende Mai 2007 begeistert feststellten. Um das Sozialleben des Team-Mix optimal zu dokumentieren, arbeiteten wir eng mit Peter zusammen, den wir im Dezember 2006 mehr zufällig auf einem Parkplatz kennengelernt hatten. Laut U. Gansloßer (2007) lassen sich soziale Beziehungen nur durch längere Beobachtung der Häufigkeit, Intensität und anderer Eigenschaften von Interaktionen zwischen zwei oder mehr Tieren beschreiben. In diesem Sinne ergänzte Peter unsere Arbeit enorm, schrieb Tagesberichte und schoss hoch professionelle Fotos. In ihrem Bemühen, genug Futter für die diesjährige Kinderschar zu finden, koordinierten Nanuk und Delinda alle Jagdausflüge und Babysitteraufgaben mit den beiden Jährlingen. In einer Familiengruppe finden Entscheidungsmechanismen auf Gruppenebene statt, die als Kernstück sozialen Lernens zu bezeichnen sind (Kappeler 2006).
Im Juni erspähten Delinda und Chinook eine riesige Rabenhorde, folgten ihr und fanden alsbald einen toten Rehbock. Statistisch gesehen, lebten die „Bows" seit Delindas Erscheinen zu über 39% (n = 46) vom Verzehr von „Infrastrukturopfern". Chinook liebte es, Löcher zu buddeln und Fleischbrocken zu vergraben. Hatte sie dieses Verhalten von ihrer Mutter abgeschaut oder verband sie mit allem, was sie tat, ihre eigenen Vorstellungen von ergiebigen Nahrungsspeichern? Nach C. Buchholz (1997) erspart übermitteltes Wissen nicht eigene Erfahrung.

Delinda, *eine unermüdliche Nahrungstransporteurin: Zwischen Beutetierkadaver und Höhlenkomplex überbrücken Wölfe zur praktischen Umsetzung ihres Fürsorgeverhaltens mitunter Extrem-Distanzen von bis zu 29 km, wie unsere GPS-Vergleichsmessungen eindrucksvoll nachweisen.*

Nanuk *kommt zum zentralen Treffpunkt zurück:* Nanuk *heult stets in einer tief-sonorigen, leicht zu identifizierenden Tonlage. Wo immer er zwecks Familienzusammenführung auftaucht, beantworten alle Gruppenmitglieder seine Kontaktinitiative mit unverzüglichem Herankommen.*

All denjenigen, die gerne Neues erfahren, lieferte Delinda ein kleines Extraschmankerl. Erst wälzte sie sich in dem Kadaver, lief danach zum Familientreffpunkt und ließ sich minutenlang von Nanuk beschnuppern. Dann trottete sie mit Nanuk los in Richtung Bahnschiene. Diese Form von sozialer Wolfspolitik erhöhte unseren Wissenstand erneut. Nach geruchlicher Prüfung der „Informationsträgerin" liefen alle zielgenau zu Delindas Beute, fraßen gemeinsam. Obwohl Kleinbeute etwa 30 % des Jagderfolgs ausmachte, stießen Delinda und Chinook eine Woche später auf einen toten Hirschen, den zwei Grizzlies absicherten (→S. 140).

Mitte August waren die Jungen gut vier Monate alt, die erste kritische Endwicklungsphase schadlos überstanden. Im Schnitt liegt deren Überlebensrate je nach Informationsquelle bei 25 bis 40 %. Delinda steuerte zwischenzeitlich „ihre Bunkerstellen" an und transportierte diverse Nahrungsstücke zu ihren Jungen. Nach der Fütterung stand meistens ein kleines Bewegungsspiel auf dem Programm, an dem sich auch Lakota rege beteiligte. Tiere, die zusammen spielen, tendieren dazu, zusammenzubleiben (Bekoff 1972).

Näherte sich ein Alttier dem gut im Rendezvousgebiet „zwischengeparkten" Nachwuchs, nahm es zunächst umsichtig durch kurz hintereinander ausgesandte Heulsequenzen Kontakt zu ihm auf (n = 37). Daraufhin gaben die Sprösslinge über zeitweise dilettantisch anmutende Vokalisationsversuche ihren exakten Aufenthaltsort preis. Jeder Wolf „funkt" auf einer individuellen Frequenzwelle. Anschließend kontrolliert er dann die „hauseigene" Antwort bzw. Reaktion und transportiert so familien-spezifische Vokalisationsinformationen, die jedem Gruppenmitglied ein Gefühl von Sicherheit verschafft. Jungwölfe lernen in den ersten fünf Monaten ihres Lebens also alle spezifischen Heultöne sämtlicher Familienmitglieder deutlich von der Vokalisation fremder Wölfe zu unterscheiden. Kommt ihnen der Versuch einer akustischen Kontaktaufnahme irgendwie suspekt vor, flüchten und verstecken sie sich eher in dichtem Buschwerk, als blindlings in eine Gefahrensituation zu rennen. Manchmal vergehen so mehrere Stunden, bis sich die Kleinen in Pulkbildung wieder langsam trauen, herauszukommen.

Graue Jungwölfin MICKEY *in klassisch-zusammengerollter Schlafstellung: Wölfe brauchen aus Gründen der Regeneration viel Schlaf, dösen oftmals bis zu 10 Stunden am Stück vor sich hin. Wie alle Wildkaniden nutzen sie im Schnitt 3 bis 4 Aktivphasen pro Tag, um entweder zu jagen oder gruppeninterne Kommunikation zu betreiben.*

Aufbau einer Großfamilie

Peter bekam Mitte September anschaulich vorgeführt, wie DELINDA allen sechs Jungen einen Nahrungsbrei vorwürgte. Diese erstaunliche Beobachtung verbuchten wir nicht unter der klassisch-konventionellen Rubrik „Welpenversorgung". Wie sollten wir auch, schließlich waren die jungen Wilden schon fünf Monate alt. Nach Ansicht von U. Gansloßer (2007) steht die Entscheidung jedes einzelnen Tieres über seine optimale Zahl an Gruppen- und Beziehungspartnern u.a. im Zusammenhang mit Charakterprofilen. Nun, DELINDA wollte wohl ihr Interesse am Aufbau einer Großfamilie nochmals betonen und überlebensnotwendige Lektionen präzise vermitteln. Ende September 2007 hatten sich die „Bows" an einem durch einen Zug getöteten Hirsch versammelt. Als eine Eisenbahn kam, rannte DELINDA sofort weg. Fünf Jungtiere folgten ihr, das sechste fraß dreist weiter. Die Wolfsmama lief zurück, zwickte ihre Tochter FLUFFY in die Flanke und zwang sie, ihr direkt zu folgen. Wir werteten dieses Verhalten als zielgerichteten Einsatz eines Abbruchsignals und als lehrreiche Gefahrenabwehrmaßnahme. Wichtig zu wissen: Unmittelbar darauf herrschte wieder Friede. FLUFFY hielt sich inmitten des Gruppengeschehens auf, interagierte wie selbstverständlich mit beiden Elternteilen. Nachtragend sein kennen Wölfe nicht! Grundsätzlich gilt: Will man Verständigung erzielen, ist eine gesamtkörpersprachliche Betrachtung des Gegenübers, des jeweiligen Interaktionspartners, Voraussetzung.

Allen Bedenken und unvermeidlichen Zwangsläufigkeiten setzten die „Bows" unter DELINDAS Regie ein spektakuläres Sensationsszenario entgegen, das seinesgleichen suchte: Bis Ende 2007 notierten wir im Vergleich zu allen Vorjahren mehr Wolfssichtungen in menschlicher Infrastruktur (n = 288) als jemals zuvor. Das klang dem ersten Anschein nach verrückt, zumal sich seit APRILS Tod im gesamten Bowtal kein Wolf mit einem Radiohalsband aufhielt. DELINDA schaffte zum ersten Mal in der „Bow-Geschichte" überhaupt, den gesamten Nachwuchs am Leben zu erhalten. Auch das „ungeschriebene Gesetz", wonach eine Wolfsmutter ihre Welpenanzahl unter schlechten Nahrungsvoraussetzungen automatisch reduziert, war außer Kraft gesetzt. Vorbei die alten Zeiten, in denen M. Hebblewhite (2002) schlussfolgerte, Wölfe würden bei einem Jagdangriff größere Hirschgruppen (13 bis 30 Tiere) präferieren. DELINDA steigerte ihre Nachkommenschaft, obgleich nur noch 20 bis 25 Wapitits das westliche Bowtal besiedelten. Wie kam ein solches Phänomen zustande? Nun, sie erbeutete serienweise Wühlmäuse (in Rekordzeiten bis zu fünfzehn pro Stunde!) und unterrichtete ihre Jungen stundenlang, Kleinbeute wie auf Knopfdruck zu fangen. Diesbezüglich argumentiert Paul, dass Wölfe beim Rückgang von Hirschen zu alternativen (kleinen) Beutetieren übergehen müssen. Ist genug Gesamt-Beute-Biomasse vorhanden, gleichen sich Energiekosten und Energienutzen aus. Dann können durchaus normale durchschnittliche Würfe aufgezogen werden.

DELINDA *und* NANUK *auf dem CP-Schienennetz: Selbstverständlich ist M. Hebblewhites (1999) Sorge verständlich, der Nutzung des Bahngleises durch Tiere ein erhöhtes Todesrisiko zuzuordnen. Gleichwohl bedeutet dieses „zweifelhafte Vergnügen" für jeden Bowtal-Wolf eine alltägliche Notwendigkeit.*

90
R

Winter 2007/2008 – Delinda sorgt für Ordnung

Die extrovertierte, resolute Mutter Delinda hatte den Laden fest im Griff. Vater Nanuk, seinerseits eher mit einem abwartenden Grundcharakter ausgestattet, folgte seiner Gattin in 73% aller Fälle (n = 102). Alle zehn Wölfe erfreuten sich bester Gesundheit. Ab Ende Dezember 2007 blieben die im Winter normalerweise wolfstypischen – und somit erwarteten Jagdaufbrüche in einheitlicher Gruppenformation aus. Stattdessen teilte man sich, wie sonst nur im Sommer üblich, in mehrere Einheiten auf, um zur gleichen Zeit in unterschiedlichen Arealen Nahrung zu finden. Das Elternpaar war meistens mit ihrer 1,5 Jahre alten Tochter Chinook und den neun Monate alten Söhnen Silvertip und White Fang unterwegs. Währenddessen tat sich Lakota als erfahrener Leiter der jungen Mickey, Sundance, Fluffy und Ranger hervor.

Eine weitere Verhaltensvariante beeindruckte uns am 6. Januar 2008: Delinda, Nanuk und Mickey rasten in ein Waldstück. Letztere verpasste irgendwie den Anschluss, heulte minutenlang, um so Kontakt zu ihren Eltern aufzunehmen. Keine Antwort. Nach zirka einer Dreiviertelstunde stand Delinda mit gefülltem Magen und Beute im Maul wieder im Rampenlicht. Das Rehbein vergrub sie sozusagen „für schlechte Zeiten". Jahrelange Recherchen von D. Mech & L. Boitani (2003) bestätigten, dass das wölfische Nahrungsbeschaffungssystem ungeheuer komplex, unvorhersehbar und dynamisch ist. Notgedrungen stellte Delinda einen neuen Winterrekord im Mäusejagen (n = 108) und im Anlegen von Futterspeichern auf (n = 17). Zwanzig Minuten später lief Delinda zu Mickey, die in submissiver Weise die Schnauze ihrer Mutter beleckte. Unfassbar: Delinda würgte mehrmals hintereinander Futter hervor. Wie ich beurteilen konnte, war Mickey weder verletzt noch in schlechtem Zustand, sie schlang den Brei bis auf den letzten Krümel herunter.

Hier saßen wir nun geplagt von Fragen. Hatte Delinda so gehandelt, um die Folgebereitschaft ihrer Tochter zu intensivieren? Können Jungtiere bluffen, um so die Urinstinkte einer besorgten Mutter zu wecken? Nach Pauls Meinung lassen sich erfahrene Wölfe keinesfalls von ihren Schnöseln blenden, wissen im Gegenteil ganz genau was sie tun. Nur ist eben nicht immer klar, warum sie es tun!

Eine Woche später zweifelten wir endgültig an unserem Status als „fundierte Fachexperten". Während Nanuk die Aufgabe übernahm, nach siebeneinhalbstündigem Schlaf acht Wölfen im Schneegestöber die Laufrichtung über den zugefrorenen Bow-Fluss vorzugeben, (Die „Schlaf-Hitliste" führt bis heute uneinholbar Yukon an, der am 11. Januar 2002 11 1/4 Stunden inaktiv blieb), lag Sundance zusammengerollt in einer Mulde. Warum auch immer stoppte Delinda nach 500 Metern und lief ohne zu zögern zu ihrer Tochter. Dort angekommen, warf sie Sundance einen energischen Gesichtsausdruck entgegen: Eine deutliche Aufforderung, nun endlich aufzustehen. Nanuk, der zuerst eine Minute innehielt, entschied sich kurz darauf, einschließlich des gesamten Familienanhangs ebenfalls umzukehren. Die Stimmung unter den Elterntieren wirkte angespannt. Es folgte eine Art subtiles Minenspiel um „Recht und Ordnung", in dessen Verlauf Sundance allerlei Unterwürfigkeitsbekundungen kommunizierte. Nanuk setzte sein Ansinnen durch, aufzubrechen und lief erneut los. Jetzt reihten sich auch Delinda und Sundance in die Formation ein. Alle zehn Wölfe zogen von dannen.

Der Nachwuchs der Bows aus dem Jahre 2007:

1 Mickey: *grau-braunes, schlankes, mittelgroßes Weibchen mit neugierigem, vor allem aber eigenbrötlerischem Grundcharakter.*

2 Ranger: *pechschwarzes Weibchen von eher gedrungener, zierlicher Gestalt, zudem sehr scheu und unterwürfig.*

3 Fluffy: *hellgrau-melliertes, erkundungsfreudiges, mittelgroßes Weibchen, das aufgrund seines flauschigen Fells sehr stämmig wirkt.*

4 Silvertip: *schlaksiger, extrem hochbeiniger, tendenziell forscher Rüde mit silbergrauer Fellfärbung.*

5 White Fang: *kräftiger, kompakter, grau-brauner Rüde mit geselligem ausgeglichenem Grundcharakter.*

6 Sundance: *schwarz-graues, sehr sensibles, zurückhaltendes Weibchen mit ruhigem Charakter.*

1

2

3

4

5

6

Wölfe sind ein Erfolgsmodell der Evolution. Sie leben in perfekt organisierten Gemeinschaften. Die Kraft des Kollektivs befähigt sie zu großartigen Leistungen. Nichts jedoch beeindruckte mehr als das planvolle Handeln von DELINDA. Warum hatte sie sich zwischenzeitlich stur geweigert, NANUK zu folgen, darauf bestanden, SUNDANCE regelrecht abzuholen? Spiegelte diese Spontanaktion eine wölfische Fähigkeit wieder, anhand individueller Geruchskomponenten das Fehlen eines Familienangehörigen festzustellen? Paul beantwortet diese Frage mit einem klaren Ja, weil Wölfe jedes einzelne Familienmitglied am Geruch erkennen.

Konfliktmanagement

In der letzten Januarwoche 2008 markierte DELINDA eine zwei Meter hohe Schneebank. Anhand der Blutspuren im Urin wussten wir um den Beginn der Hochranz. CHINOOK hielt sich bei jeder Annäherung an ihre Eltern stark zurück. Die beiden Alten handelten während der Paarungszeit sehr statusbezogen und wettbewerbsaggressiv. Damit es zu ungeklärten Verhältnissen in der Sozialrangordnung gar nicht erst kam, vermittelten NANUK und DELINDA ihren Jungen das „Abitur" des Konfliktmanagements: Drohsignale (z.B. Knurren, Lefzen-Anheben, Zähne-Zeigen) wechselten sich ab mit körperlich betonten Abbruchsignalen (z.B. Anrempeln, Weg-Abschneiden, Zwicken, Schnauzengriff, Umwerfen). Das sah manchmal ziemlich wild aus, verhinderte aber weitere Eskalation. Aggressionen sind lebensnotwendig, erfüllen eine wichtige Regulierungsfunktion, schrieb K. Lorenz (1963) schon vor über 45 Jahren. Dominanzbeziehungen stabilisieren sich langfristig nur, wenn Interessenskonflikte erfolgreich gelöst werden. Und: Drohen verbraucht weniger Energie als Kämpfen!

Anfang Februar 2008 ließ das zwiespältige Verhalten der flinken CHINOOK, die DELINDA trotz eigener Empfängnisbereitschaft nicht ein einziges Mal ernsthaft herausforderte, erste Abwanderungstendenzen erahnen. Sie wanderte oftmals alleine umher, dann wieder mit der Gruppe. Ihr Bruder LAKOTA wollte an „vorderster Front" wohl ansatzweise zeigen, was er „drauf hat", bekam aber von seinem Zähne-zeigenden Vater einen deftigen Rüffel. Die diesbezüglich wohl wichtigste Aussage liefert S. Creel (2005): Der Kampf um Dominanzpositionen bringt hohe Kosten mit sich, während die Akzeptanz der subdominanten Rolle zwar weniger Nutzen, aber auch deutlich weniger Kosten bedeutet.

So blieb die ganz große Sensation aus. LAKOTA war clever genug, die Version „Safety first" zu bevorzugen. CHINOOK entwickelte ab Anfang März ihre eigene Überlebenstechnik und schlug sich nun endgültig als isoliertes Einzelwesen im östlichen Außenbezirk des Heim-

DELINDA, FLUFFY und RANGER am Bowfluss: Bowtal-Wölfe sind zwar zu allen Tages- und Nachtzeiten aktiv, bevorzugen jedoch frühe Morgen- und späte Abendstunden mit kühleren Temperaturen. In klaren Nächten brechen sie während Vollmondphasen aufgrund bester Lichtverhältnisse besonders gern zur Jagd auf.

reviers durch. Wenn das existenzielle Bestreben, miteinander zu harmonieren, fehlschlägt, ist es manchmal besser, einfach lautlos zu gehen.

In den letzten vier Jahren konnten wir mannigfaltige Beobachtungen machen, die sich mit den Hypothesen vieler Verhaltensforscher decken: Jede Wolfsfamilie basiert auf einem Zusammenschluss subtil miteinander kommunizierender Persönlichkeiten mit Individualcharakter. Das Spektrum eine Rangordnung zu etablieren, reicht von der „aggressiven Kommunikation", über Vortäuschungs- und Versöhnungssignale, bis hin zur Unterwerfung und Beschwichtigung (Bloch 2007). Ein Kommunikationssystem besteht nach U. Gansloßer (1998) aus Sender, Empfänger und Signal. Von Kommunikation ist die Rede, wenn der Empfänger nach dem Erhalt von Informationen sein Verhalten verändert. Kommunikation bedeutet Manipulation, die von Welpenalter an erlernt wird. Jedes „Kommunikationspaket" ist nicht nur als Signaleinheit zu verstehen, sondern steht immer in einem verhaltensökologischen Kontext. In der Kommunikation wird getrickst, gestritten, dreist ignoriert, beruhigt, beschwichtigt und Wettbewerb demonstriert (Bloch 2007). Laut E. Wilson (1994) findet man häufig zwei gegensätzliche, meist als draufgängerisch und zurückhaltend bezeichnete Grundcharaktere.

Typ A tritt erheblich forscher auf und erkundet Umweltreize sehr spontan. Typ B wartet das weitere Geschehen eher distanzhaltend ab. Typ A ist oft mit einer neuen Problemstellung schnell überfordert, handelt unüberlegt. Typ B ist der emotional stabilere, kann aber durch seine tendenzielle Scheu etwas Entscheidendes verpassen (Bloch 2007). Hier im BNP setzten sich die Leitpaare meistens aus einer Kombination aus wagemutigen und gelassenen Individuen zusammen: Betty/Stoney; Kashtin/Big-One; Storm/Aster; Hope/Akili; Delinda/Nanuk. Die rühmliche Ausnahme: Die Vereinigung der B-Typen Nanuk und April. Wenn B-Typen den Höhlenkomplex absichern, nehmen andere Gruppenmitglieder sie besonders ernst, weil sie erst nach genauer Umweltprüfung Alarm schlagen und Gefahrensituationen im Gegensatz zu A-Typen sachlicher analysieren.

Seit Beginn unserer Verhaltensbeobachtungen führte kein Drohverhalten und keine körperliche Begrenzung unten den Wölfen zu langandauernder Distanz oder zu einer Konflikteskalation. Nach U. Gansloßer (2008) besteht Grenzensetzen aus zwei Bausteinen:
1. Eingrenzung erfolgt sofort, aktiv und verständlich.
2. Gleich im Anschluss an die Begrenzung geht die Beziehung dort weiter, wo sie vor der Ermahnung stand. Jungtiere werden in ihrem Verhalten zu ihrer eigenen Sicherheit am häufigsten korrigiert. Parallel zur „Erziehung" wird viel gespielt, Wert auf Körperkontakt gelegt und mannigfaltige Begrüßungstreffen organisiert. Kaniden-Nachwuchs wirkt trotz momentaner Zurechtweisungen nie langanhaltend eingeschüchtert oder gestresst.

Links: Delinda *beantwortet* Fluffys *submissiven Kontaktversuch mit ungehaltenem Knurren. Aggression wird gemeinhin mit ängstlichem Verhalten gleichgesetzt, obwohl Tiere einfach nur wütend sein können, auch wenn man ihnen solch „unschönen" Gefühle nicht zugestehen will.*

Rechts oben: Submissiver Nachwuchs zeigt „Licking Intentions" gegenüber Lakota*: Schon bevor ein Elternteil oder Erwachsener energisch auftritt, versucht der Nachwuchs ihn durch Maul-Lecken zu beschwichtigen. Laut B. Fogle (1992) sind Kaniden Meister des visuellen Lernens von unterschiedlichen emotionalen Zuständen.*

Rechts unten: Selbstbewusstes, fixierendes versus submissives, blickvermeidendes „Bogen-Gehen" zwischen Nanuk *und* Lakota*. Laut K. Immelmann (1983) liegt die biologische Funktion des Drohverhaltens in der Einschüchterung des Konkurrenten, der zum Abdrehen veranlasst wird.*

Ein Morgen unterwegs mit den Bows

Geduld gehört zur Feldforschung dazu. Wir begleiteten das komplette Tagesgeschehen der „Bows“ (durchgehend von morgens früh bis abends spät) im Schnitt fünf Mal pro Monat. Rückblickend betrachtet hielt der Morgen des 27. März 2008 aufgrund vortrefflicher Rahmenbedingungen viele Antworten parat, wie „wolfstypische“ Verständigungskunst im Detail vonstatten geht. Die nachfolgende Bildabfolge soll einen klitzekleinen Beitrag zum besseren Verständnis komplexer Interaktions- und Spielintensionen leisten.

Unten: FLUFFY streckt sich – der Morgen beginnt: Wölfe lieben Komfort einschließlich bequemer Schlafmulden, die sie immer wieder intensiv beriechen, was der Vertrautheitsschaffung dient. Nach ausgiebigem Strecken und Gähnen nahm FLUFFY Blickkontakt zu den Schlafnachbarn auf, wartete auf ein Zeichen allgemeiner „action“.

Rechts oben: (von links nach rechts) DELINDA entscheidet aufzubrechen, FLUFFY streckt sich, LAKOTA antwortet auf NANUKS Blickkontakt mit „Verlegenheitsgähnen“, SUNDANCE kratzt sich.
Nach der Ruhepause verrichteten alle Individuen zuerst ihre Notdurft (Kot und Urin). Dann schüttelten sie sich und der Nachwuchs begrüßte die Alttiere in unterwürfiger Körperhaltung. DELINDA gab die erste Laufrichtung vor.

Rechts unten: (von links nach rechts) NANUK überprüft aufmerksam das Terrain, DELINDA lauscht, MICKEY beantwortet die pfötelnde Kontaktaufnahme ihrer Schwester SUNDANCE mit leicht erstarrter Körperhaltung, zwei junvenile Tiere liegen im Kontakt.
Ob SUNDANCE Pföteln als Besänftigungsgeste oder dem „Testen“ von MICKEYS momentaner Stimmung diente, blieb diskussionswürdig. Juvenile Tiere der „sozialen Mitte“ scheinen viel Klärungsbedarf zu haben, verbringen viel Zeit mit körperbetontem „Beziehungstesten“, bzw. Gestimmtheitsüberprüfungen.

Links: (von links nach rechts) Delinda schreitet in hoch-konzentrierter Körperhaltung voran. Nanuk orientiert sich per Blick an der Gruppenleiterin, währenddessen Sundance und Mickey versuchen, ihren Vater mit angelegten Ohren und Licking-Intentions zu besänftigen.
Aktionsbereite Alttiere wie Nanuk, die zur Jagd oder Revier-Patrouille aufbrechen wollen, ignorieren gerne jegliche Interaktionsaufforderung der Jungen – oder senden ein Beruhigungssignal wie „Kopf-Wegdrehen" aus.

Rechts: Nanuk stoppt Unterwürfigkeitsbekundung von Sundance durch Kopf-Auflegen und Körperverlagerung.
Beschwichtigung dient zwar grundsätzlich dem „Milde-Stimmen" des Interaktionspartners, schließt aber trotzdem eine „aggressive" Verhaltensreaktion nicht aus. An diesem Morgen befand sich Nanuk in Aufbruchstimmung, handelte entschlossen, unterbrach abrupt alle Kontaktversuche seiner Kinderschar.

Unten: (von links nach rechts) Delinda beschnüffelt ein Objekt; Lakota (hinten) bedrängt Sundance, die sich klein macht und Nanuk dabei anrempelt, woraufhin der Licking-Intentions als stressbedingte Übersprungshandlung zeigt.
Das Interaktionsverhalten von Jährlingen und juvenilen Tieren „kommentieren" Wolfseltern nicht, es sei denn, es liegt eine allgemein-konfliktträchtige Situation oder Ruhestörung vor.

SUNDANCE *(links) fordert* SILVERTIP *und* WHITE FANG *durch übertriebene Hops-Bewegungen, „Tänzeln“ und eine überdurchschnittlich hohe Anzahl von Spielsignalen zum Herumtoben auf.* SILVERTIP *(Mitte) deutet die Beute-Fang-Endhandlung „Packen“ nur an, eine Geste, die der bewussten Aufrechterhaltung von Spiel dient.*

Körperlich-betontes Sozialspiel ist keinesfalls auf den simplen Austausch von Statusbekundungen zu reduzieren! Spiel fördert nach genauer Überprüfung aller Spielsignale und der Auflösung zwischenzeitlich kommunizierter Drohelemente vertrauensvolle Beziehungsbildungen. Wolfseltern spielen primär zur Festigung der Paarbindung.

SUNDANCE *(links) scheucht* MICKEY *über den Rendezvousplatz:* MICKEY *tritt unsicher auf, rennt jaulend und quietschend davon und muss mit einer Hetz-Attacke von* SUNDANCE *rechnen. Beteiligen sich mehrere Individuen als „Jäger“, kommen die Regeln der Meuteaggression zum Tragen. Juvenile „Mobbingopfer“ halten normalerweise nur kurzfristig einen Respektabstand von 50–100 Metern zur Gruppe ein. Eine generelle Existenz von „Omega-Wölfen“, die man gemeinhin als Prügelknaben bezeichnet, konnten wir bei frei lebenden Wolfsfamilien in all den Jahren direkter Verhaltensbeobachtungen definitiv nicht nachweisen.*

Links oben: White Fang *fixiert* Sundance, *die sich ihm mit abgesenktem Blick langsam nähert. „Fixier-Liegen" ist als erste Stufe des Beutefangverhalten, bzw. „Eröffnungsposition" eines Bewegungsspiels einzustufen. Wolfseltern führen ihre Jungen zielgerichtet zu ganz bestimmten „Familien-Spielplätzen", deren Grundsicherheit sie aus Erfahrung kennen. Erwachsene Tiere spielen in Etwa 10 bis 12 Mal seltener als Juvenile, was weniger mit „Rangdemonstration" zu tun hat als vielmehr mit der Notwendigkeit zur Energieeinteilung.*

Links unten: „Wrestling" unter „Schnöseln": Juvenile Tiere wie Sundance *(schwarz) und* White Fang *brauchen ausreichend Gelegenheit, zur Eigenbestimmung des individuellen Persönlichkeitsprofils, stark-ritualisierte „Rangkämpfe" einzuüben. Das spielerische Element findet hier durch die Bereitschaft zum Rollentausch und freiwilliges Unterwerfen sichtbare Betonung.*

Oben: Sundance *stoppt Spielablauf,* White Fang *verharrt in Abwartehaltung:* White Fang *hat zu „ruppig" gespielt, woraufhin* Sundance *jede weitere Aktivität durch vorübergehendes „Sich-Totstellen", solange abbricht, bis wieder eine lockere Atmosphäre vorherrscht.*

So konsequent wie der Auftritt von Delinda war, sich an jenem Morgen aus dem fast einstündigen Familiengeschehen herauszuhalten, so nachhaltig setzte sie auch ihren Willen durch. Die Meinung der Chefin hatte im Unternehmen „Bow" von Anfang an einen hohen Stellenwert. Nachdem sie das bunte Treiben teilnahmslos verfolgt hatte, lief sie einfach los. Nach einem kurzen „rallying" um Vater Nanuk, rannten alle hinter Delinda her ... Welch großen Spielraum freier Entfaltung, welch hohen Grad sozialer Freiheit sich das Leitweibchen nahm, wurde deutlich, als White Fang und Silvertip sie leicht bedrängen wollten. Delinda forderte, trotz bestehender Bindung zu ihren Söhnen, mittels klar körperbetonter Abbruchsignale (Auf-den-Boden-Drücken) eine Individualdistanz ein. Dann schränkte sie postwendend den Freiraum der beiden „Herren" ein, die diese Maßnahme ohne Gegenwehr duldeten. Da Delinda den Freiraum von White Fang und Silvertip erheblich häufiger einschränkte als umgekehrt, kommen offensichtlich geschlechtsungebundene Dominanz-Subdominanz-Beziehungen in einer Wolfsfamilie regelmäßig zum Tragen. Auch in der Paarungszeit beobachten wir oft, wie Leitweibchen erwachsene Söhne, die sich aufdringlich verhielten, regelrecht verprügelten (siehe Anhang).

Das Jahr 2008 – Abschied von einer unvergessenen Wölfin

Anfang April war DELINDA erkennbar trächtig. In den letzten Tagen hielt sie sich verdächtig oft am altbekannten Bau auf, schlief viel und lange. Ganz in der Nähe erinnerten sich SILVERTIP, WHITE FANG, MICKEY und FLUFFY strikt an den Unterricht ihrer elterlichen Lehrmeister, beschäftigten sich auf einer Wiese selbstständig mit dem Fangen von Mäusen. Sobald NANUK auf der Bildfläche erschien, begrüßten ihn die Jungen überschwänglich. Das wölfische „Wir-Gefühl" kommt u.a. durch regelmäßig stattfindendes „freundlich-gestimmtes Umeinander-Herlaufen" zum Ausdruck (Zimen 1974). DELINDA und FLUFFY lieferten den exemplarischen Beweis dafür, was unter einer situativen Kombination aus „Toleranz und konfliktbewusstem Machtspiel" zu verstehen ist: Eine kurze Statusbekundung von DELINDA hier, eine lockere Unterwerfung seitens FLUFFY da und die Tochter trollte sich, wenn ihre Mutter richtig ungemütlich wurde.

Ungewöhnliches Verhalten einer Hirschmutter

Am 2. Mai 2008, morgens um 5.30 Uhr, lag NANUK vor einem toten Hirschkalb. An einer Böschung versammelten sich SUNDANCE, SILVERTIP, WHITE FANG, FLUFFY und RANGER. Eine Hirschkuh stand nebst einjährigem Kalb inmitten des Bow-Flusses. Ihre Ohren waren steil nach vorne gerichtet. Aber warum blieb sie wie angewurzelt stehen, hielt sich weiterhin in der Nähe der Wölfe auf und brachte so ihr Kalb in Gefahr? FLUFFY kam zum Kadaver und fraß. Plötzlich ergriff die Hirschmutter unerwartet die Initiative und griff an. FLUFFY zuckte zusammen, rannte mit eingeklemmter Rute davon. NANUK blieb einfach liegen, starrte die Hirschkuh an. Die stoppte ihre Scheinattacke und drehte äußerst beeindruckt ab. Was für eine Dramatik. FLUFFY nahm die vorgelebte Gelassenheit ihres Vaters zum Anlass, erneut zur Beute zu laufen. Obwohl die Hirschkuh drei weitere Versuche unternahm, die Wölfe irgendwie zu vertreiben, blieb NANUK weiterhin gelassen.

SILVERTIP meinte, groß auftrumpfen zu können, als Hirschmutter und Kalb gerade die Szenerie verlassen wollten. Dessen prahlerischen Auftritt nahm die Wapiti-Mama zum Anlass, in starrer Körperhaltung bedrohlich zu stolzieren und abwechselnd mit beiden Vorderläufen ins Wasser zu stapfen. Da größenwahnsinnige Youngsters

Hirschkuh und Kalb: Nach Pauls Auffassung war das getötete Kalb nicht von ihr, weil eine Zwillingsgeburt die absolute Ausnahme ist. Entweder war es ein Mitglied ihrer sozialen Gruppe (Hirschmütter verteidigen ihren „Kälber-Kindergarten" gemeinsam), oder ein weiterer Wolf oder Bär, den ich nicht sehen konnte, hielt sich in der Nähe auf und versperrte der Hirschmutter so den Rückweg.

untrügliche Zeichen klarer Warnsignale wohl noch keinem nuancierten Verständnis zuordnen können, erhielt SILVERTIP eine Art „Gardinenpredigt“. Die Hirschkuh trieb den Jungrüden vor sich her und scheuchte ihn hundert Meter in den Wald. Als Feldforscher hat man kaum die Möglichkeit, Kommunikationsabläufe zwischen Wolf und Rotwild hautnah mitzuerleben. Und selten trifft man auf einen überragenden Einzelkönner (NANUK), der trotz brenzliger Ausgangslage die Nerven behält und als nachahmenswertes Vorbild brilliert.

Wetterkapriolen und Touristen

In der Nacht vom 7. auf den 8. Mai 2008 fiel überraschenderweise 60 cm Neuschnee. Nach zwei Tagen sackte die weiße Pracht in sich zusammen. DELINDAS Erdbau lief 20 cm hoch voll mit Wasser. Dieses Desaster veranlasste sie offenbar, ihre drei diesjährigen Welpen spontan in ein neues Domizil umzuquartieren. Das erstaunliche Bauwerk mit Labyrinthen aus Hohlräumen, sowie zwei separaten Eingängen, lag gut geschützt unter dem Wurzelwerk einer 150 Jahre alten Douglasie. LAKOTAS Versuch, am 18. Mai einen Rehbock ohne jede Hilfe zu attackieren, konnte sich durchaus sehen lassen. Ohne Rücksicht auf Verluste packte er die Beute an der Kehle. Der eigentliche Tötungsakt war nur noch reine Formsache. Der anschließende Nahrungstransport von Fleischstücken zu DELINDA und ihren Welpen sah verheißungsvoll aus, endete jedoch in allgemeiner Verunsicherung. Zwei ahnungslose Wanderer spazierten entlang eines Wildwechsels, der auch den „Bows“ als Hauptverkehrspfad in Richtung Höhle diente. Um bloß nicht aufzufallen, entschloss sich DELINDA am 1. Juli auf Nummer sicher zu gehen. In einer wahren Nacht- und Nebelaktion wurden die Welpen zwangsumgesiedelt. Das neue Rendezvousgebiet lag auf der gegenüberliegenden Seite des Bow-Flusses, der wegen der Schneeschmelze Hochwasser führte. Folglich hieß die Vorgabe für DELINDA und alle Kooperationspartner, eine enorme Energieleistung zu erbringen. Ein Wolf nach dem anderen durchschwamm den Bow mit Beutestücken im Maul, um die Versorgung der Kleinen nicht abreißen zu lassen.

Verlassene Geburtsstätte mit verschlammtem Höhleneingang.

Jungwolf schwimmt im Hochwasser/drei Youngster laufen nach einer Flussdurchquerung zum Rendezvousplatz: Ob die Tagestemperatur Plus- oder Minusgrade aufweist – alle Eltern der „Bows" führten ihre Jungen zu wohlweislich ausgesuchten Standorten, von wo aus sie Generation nach Generation den Bowfluss durchquerten. Paul hat einmal beobachtet, wie ein erst sechs Wochen alter Welpe durch den Sprayfluss schwamm.

Das Geheimnis der Jagd

Im Detail sind sämtliche Feinheiten, wie Wölfe Beutetiere entdecken, noch längst nicht enträtselt (Theberge 1998). Im Sommer ist es ungleich schwieriger als im Winter, „Verborgenes" sichtbar erscheinen zu lassen, weil Huftiere bessere Versteckmöglichkeiten nutzen, um nicht aufzufallen. Darüber hinaus sorgen die hochkomplexen Duftstoffe der üppigen Vegetation für zusätzliche Tarnung. Am 10. August gestaltete sich ein Jagdausflug der „Bows" rundum gelungen: Nanuk und Lakota entdeckten ein unvorsichtiges Reh, das über die Straße lief. Jungwölfin Ranger betätigte sich als Nachzüglerin, schnüffelte aufgeregt auf dem Boden und nahm die Spur des Beutetiers auf. Nanuk schnitt dem Reh über eine Abkürzung den Fluchtweg ab. Lakotas Blitzauftritt, „den Schalter umzulegen", dem potenziellen Opfer an den Fersen zu hängen, offenbarte Nanuk die Gelegenheit, es in einem entschlossenen Zweikampf zu töten. Das offensive, bestens abgestimmte Vorgehen, brachte letzten Endes Erfolg.

Wie formulierte es E. Zimen (1988) einst so schön: „Hunde jagen, Wölfe gehen auf die Jagd". S. Messier (1995) schreibt: „Innerhalb eines vielfältigen Beutespektrums das Verhältnis zwischen Wolf und Hauptbeutetier verstehen zu lernen, erzeugt eine Vorhersage über die Populationsdynamik eines ganzen Ökosystems". Die optimale Vorgabe der angesprochenen „Vielfältigkeit" ist nach dem radikalen Verschwinden des Waptiti nur noch ein Mythos. Von einem Ökosystem wie dem Bowtal lernen, heißt verlieren lernen...

Hiobsbotschaften, unser täglich Brot

Gut möglich, dass über die nachfolgend beschriebene Katastrophe schon morgen keiner mehr spricht. Unser kanadischer Freund John Marriott bat uns am 26. August 2008, eine schwarze Wölfin zu identifizieren, die man vor zwei Tagen um die Mittagszeit auf der Autobahn tot aufgefunden hatte. Diese „Routineangelegenheit" fühlte sich für Karin und mich wie ein Gang zum Schafott an. Ein Blick, und es wurde zur endgültigen Gewissheit: DELINDA, die treibende Kraft der „Bows", war tot! Uns stockte der Atem. Fluchtartig verließen wir das Labor. Wir ließen Revue passieren, wie viele Verhaltenstrends DELINDA zeitlebens kreiert hatte. Mit ihren selbstlosen Jagdstrategien beispielsweise, einem Gemisch aus Temperament, Kraft und Übersicht, entfachte sie in der „Welt der Nachahmungswilligen" eine Euphorie wie vorher kaum eine andere Wolfsmutter. Wer die schlechte Nahrungsgrundlage im Bowtal beklagte, wusste, welch exzellente Leistung diese einzigartige Leitwölfin vollbracht hatte!

Links: Beschädigter Autobahnzaun des TCH: Löcher, zerfetzter Maschendraht, durch Bäume eingedrückte Teilabschnitte – der Autobahnzaun im Bowtal erinnert an einen „Schweizer Käse". Regelmäßige Inspektionen finden nicht statt, weil angeblich keine ausreichenden Finanzierungsmittel zur Verfügung stehen.

Rechts: DELINDA *(bei der Obduktion im Parklabor) –*
In ewigem Gedenken an eine außergewöhnliche Leitwölfin.

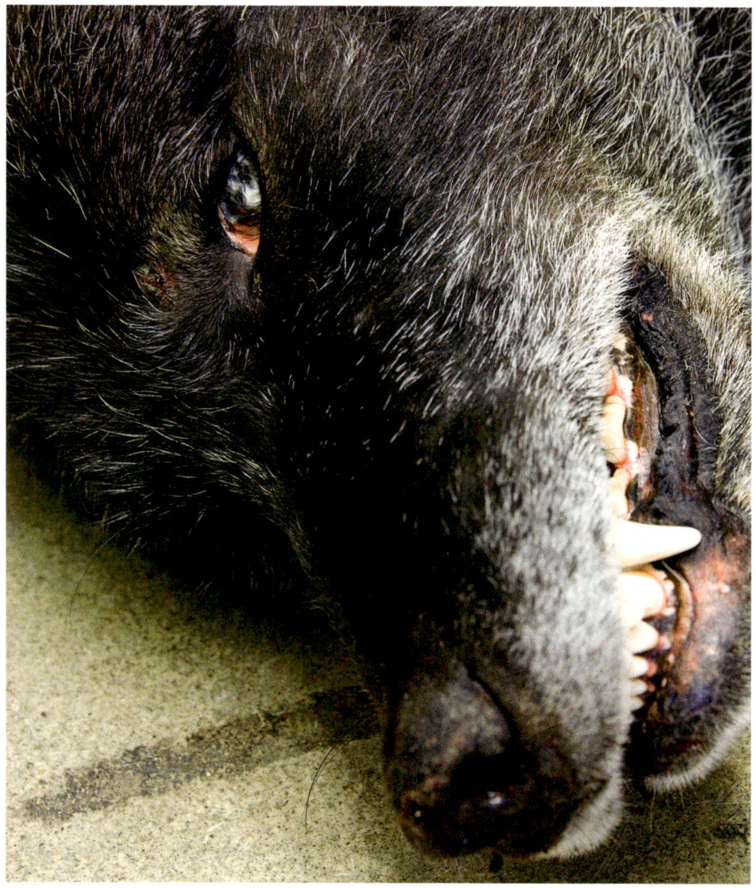

Links und oben: RANGER *(schwarz) leckt Maulwinkel von* FLUFFY: FLUFFY *etablierte feste Dominanzbeziehungen mit ihren Schwestern* SUNDANCE *und* RANGER *und ist zum derzeit ranghöchsten Weibchen aufgestiegen.*

Rechts: Zielgerichtetes Beobachtungsstehen von SURVIVOR.

Tausend Fragen suchten nach passenden Antworten. Wie würden die sechs Jährlinge und 4 1/2 Monate alten Teenager den Tod ihrer „Super-Mom" verkraften? Wie würde sich NANUK fühlen, sobald er merkte, dass er seine verwegene Lebensgefährtin nie mehr wiedersieht? Gern tun wir's nicht, aber wir alle erinnern uns: Der arme Kerl erlebte ein solches DESASTER nach dem Tod seines Vaters (STORM) und großen Bruders (YUKON), bzw. seiner Paarpartnerin (APRIL) bereits zum dritten Mal. Selbst dem unerschütterlichsten Zukunftsoptimist fällt es ungleich schwerer, immer wieder ein neues Leben aus den Trümmern unnatürlich gescheiterter Beziehungen zu zimmern. NANUK musste fortan täglich entscheiden, wie er die ganze Kinderschar vor dem Gröbsten bewahren konnte. Doch die realen Umstände setzten ihm arg zu. Um einen Wandel zu meistern, benötigt jede Wolfsgesellschaft eine realistische Vorstellung der Kräfte und Dynamiken, die sie verändern. Frage für die Zukunft: Würde der Leitrüde, von jeher ein Typ der leisen Töne, das „ganze Bild" begreifen? Zu allem Übel wies man in einer kleinen Zeitungsnotiz im „Outlook" (2008) beiläufig darauf hin, SILVERTIP sei am Donnerstag, den 4. September 2008, um ein Uhr nachts auf der Autobahn gestorben. Der siebzehn Monate alte Rüde war, wie zuvor DELINDA, vermutlich beim Verfolgen eines kleineren Beutetieres durch ein Zaunloch geschlüpft.

Ein Leben ohne DELINDA

Zwei endlos erscheinende Wochen lang blieb unklar, ob NANUKS Konstruktionsversuche erfolgreich gewesen waren, das unnatürlich auseinandergenommene „Bow-Team" in die Pflicht zu nehmen. Bescheidenheit wird zum Prinzip, wenn der Höhepunkt des Alltags in der Inspektion von Kothaufen besteht: die schwarzen Hinterlassenschaften wiesen auf viel Fleischverzehr hin, die weißen beinhalteten

zerbröselte Knochenanteile. Haare, Hufe und Fellstücke sind ohnehin „klassischer“ Bestandteil von Wolfskot. Einige Tage später sahen wir NANUK zusammen mit SUNDANCE, FLUFFY und WHITE FANG auf der 1A. Zumindest vier Erwachsene waren sesshaft geblieben, trotz des Handicaps, auf DELINDAS weibliche Intuition verzichten zu müssen. Da sich kognitive Fähigkeiten durch soziale Komplexität entwickeln, war man geneigt zu fragen, wie die bislang vermissten Jugendlichen die notwendige Vielfalt sozialer Gemütsverfassungen lernen sollten?

Ein Parkangestellter beobachtete Mitte September LAKOTA, der einen Hirschbullen gegen den Autobahnzaun des TCH hetzte. Unter Wölfen und Kojoten hat sich längst herumgesprochen, wie man einen im Maschendraht verstrickten Geweihträger gefahrloser töten kann. Nach dem Festmahl verließ er seine Familie wohl für immer.

Noch vor Kurzem hatten wir gedacht, die 1 1/2 Jahre alte RANGER würde verschollen sein; zu lange erschien die Zeitspanne, seit wir sie das letzte Mal gesehen hatten. Kontakt zum zuverlässigen NANUK zu halten, lohnte sich schon immer. Am 13. Oktober führte das erfolgreiche Mitmachen beim Erlegen eines Elchmännchens nicht nur für alle fünf Wölfe zu einem wahren „Boost an Biomasse“. Wir waren verzaubert von der faszinierenden Show, als sich unerwarteter Weise ein grauer Jungrüde vor unseren Augen an den zahlreichen Fressaktivitäten rund um den Kadaver beteiligte. Leicht irritiert, aber angenehm überrascht, registrierten wir die Anwesenheit eines diesjährigen Welpen, der das ganze Tohuwabohu um DELINDAS und SILVERTIPS Tod überlebt hatte. Im November 2008 bestand die Familie aus NANUK, WHITE FANG, SUNDANCE, RANGER, FLUFFY und SURVIVOR, wie wir den männlichen „Schnösel“ mit Freude getauft hatten.

Begegnungen mit anderen Tierarten

Im BNP stehen Wolfsfamilien in zwischenartlicher Konkurrenz mit anderen großen Fleischfressern (Carnivoren) wie Puma, Luchs, Vielfraß oder Kojote. Beim Wettstreit um Nahrung entwickeln sie unterschiedliche Lösungsstrategien auch mit Allesfressern (Omnivoren) wie Grizzly- oder Schwarzbären. Nach der Tötung von Pflanzenfressern (Herbivoren) wie Elch, Hirsch, Reh oder Dickhornschaf bilden sich mitunter wahre Carnivorengemeinschaften. Unter bestimmten Voraussetzungen blicken wir auf regelrechte Waffenstillstandsvereinbarungen zwischen den Nahrungskonkurrenten, bzw. sogar auf zeitlich begrenzte Jagdkooperationen, so beispielsweise zwischen Kojote und Dachs.

Begegnungen mit Bären

Die Bären der Rocky Mountains

In den Rocky Mountains haben es Wölfe mit zwei verschiedenen Bärentypen zu tun, dem Grizzly und dem Schwarzbär. Die hiesigen Grizzlies sind aufgrund des schlechteren Nahrungsangebotes erheblich kleiner und leichter als beispielsweise in Alaska oder an der Westküste Kanadas. Erwachsene männliche Tiere erreichen eine Größe zwischen 1,80 und 2,20 m, wiegen zwischen 150 und 250 kg. Schwarzbären sind eher „Leichtgewichte". Ihre Durchschnittsgröße schwangt zwischen 1,30 und 1,75 m. Das Gewicht eines männlichen Pendant zum Grizzly wiegt in etwa 100 bis 150 kg. Bevor Bären sich zur Winterruhe verabschieden, teilen sie sich mit Wölfen von Frühjahr bis Spätherbst den gleichen Lebensraum. Letztere sind in steilen Berghängen, in denen sich beispielsweise Grizzlies je nach Jahreszeit besonders während der „Beerenernte" im Herbst gerne aufhalten, nur selten anzutreffen. In den letzten Jahren beobachten wir zunehmend Grizzly-Männchen, die noch Anfang Dezember beziehungsweise schon Mitte März regelmäßig aktiv sind. Ist dies schon eine erste adaptive Antwort auf klimatische Veränderungen, von der auch die Rocky Mountains nicht verschont bleiben?

Wann immer machbar, vermeiden Großprädatoren ein Zusammentreffen so gut es geht. Von Huftierkadavern geht jedoch eine magische Anziehungskraft aus, und so kommt es im Nahrungswettbewerb zwangsläufig immer wieder zu überraschenden Begegnungen mit unterschiedlichem Ausgang. D. Smith (2006) konnte seit Jahren eine Dominanz von Grizzlies an Schalenwildkadavern nachweisen. Dies gilt besonders im Frühjahr, wenn etwa hungrige Bärenmütter nebst ihrer Jungen nach langer Winterruhe die Höhle verlassen. Das heißt allerdings mitnichten, dass sich Wölfe situationsbedingt niemals durchsetzen könnten. Letztlich ist oftmals entscheidend, wie sich die Altersstruktur einer Kaniden-Familie zusammensetzt und wer im Streit um Nahrungsressourcen die größere Ausdauer an den Tag legt, respektive die allgemeine Übersicht behält. Paul berichtete in der Vergangenheit von Wolfsfamilien im Riding Mountain Nationalpark (Manitoba), die Schwarzbären getötet haben. Ian McAllisters (2007) Ausführungen zufolge, wies man im Rahmen umfangreicher Analysen im Kot kanadischer Küstenwölfe häufig Haare oder Knochenteile von Schwarzbären nach. Zahlenmäßige Überlegenheit, kluges Taktieren und die richtige Strategie sowie Entschlossenheit im Handeln schafft Vorteile. Schwarzbären rennen lieber vor Attacken umfangreicher Gruppenverbände davon, klettern zur Sicherheit auf Bäume, oder veranlassen zumindest ihre Jungen, sich bei Gefahr zurückzuziehen.

Ein Schwarzbär inmitten von Löwenzahn: Schwarzbären können auch zimtfarben oder braun gefärbt sein. Eine ihrer Lieblingsspeisen ist Löwenzahn, den sie im Frühsommer großflächig abgrasen.

In der Nähe der Wolfshöhle

Bären stellen für naive Wolfswelpen eine ernstzunehmende Gefahr dar. Normalerweise koordinieren gestandene Elterntiere gemeinsame Abwehrbemühungen. Dass auch auf sich allein gestellte Wolfsmütter beim Schutz ihres Nachwuchses vehement vorgehen können, bestätigen aussagekräftige Observationen von D. Mech (1998). Wann immer Meister Petz und Isegrimm aufeinandertreffen, ist Spannung garantiert. Anfang Juni 1992 graste ein männlicher Schwarzbär friedlich vor sich hin. Eher unbewusst näherte er sich dabei bis auf dreihundert Meter dem Wolfsbau der „Sprays". Einige Minuten später trat zuerst DIANE aus der Deckung hervor, dann ASTER und zwei weitere Familienmitglieder. Nach einem kurzen, prägnanten Blickaustausch zwischen DIANE und ASTER schossen die Wölfe mit hoch erhobener Rute und aufgestelltem Nackenhaar „raketenartig" in Richtung des völlig entsetzten Bären, der seinerseits augenblicklich davon rannte. Ohne sich umzusehen, überquerte er auf der Flucht vor seinen Verfolgern den stark frequentierten TCH. DIANE stoppte am Straßenrand, lief aufgeregt zu den anderen Familienmitgliedern und begann zu heulen. Diese Art von Gruppenpräsentation war offensichtlich ein Ausdruck von Entschlossenheit und Wille zur territorialen Verteidigung. Bleibt die Frage, ob Wölfe nach unumstößlicher Gewissheit den Feind gemeinsam vertrieben zu haben, einen siegreichen Abschluss bewusst zelebrieren?

Zusammentreffen zweier Konkurrenten

In den letzten Jahren durften wir insgesamt 19 Wolf-Bär-Auseinandersetzungen als stille Beobachter beiwohnen (11 mit Schwarzbären, 9 mit Grizzlies). Die spektakulärsten „Treffen der Giganten" wollen wir hier kurz zusammenfassen.

DELINDA *gähnt. In der Ethologie bezeichnet man ein solches, biologisch irgendwie unsinnig erscheinendes, Konfliktverhalten als Übersprungshandlung. Sie kommt zum Ausdruck, wenn sich zwei in etwa gleich starke Antriebe gegenseitig hemmen, man also nicht recht weiß, was als Nächstes zu tun ist.*

Am 27. Mai 2007 um 20.24 Uhr trottete Delinda mit vollem Magen zurück zum Bau, wo sechs hungrige Welpen fast über sie herfielen. Ein solcher Ablauf bedeutet für Feldforscher, dass irgendwo in der Nähe ein totes Beutetier zu finden sein muss. Nähere Informationen lieferte, wie so oft, das aufgeregte „Geschrei" von Raben. Einen Tag später, wieder zur selben Tageszeit, lief Delinda zu einem Hirschkadaver und gähnte, als sie dort zwei Bären erblickte. Sie hielt zunächst inne und stoppte. Plötzlich tauchte Tochter Chinook direkt vor den Bären auf. Auch sie zeigte eine Übersprungshandlung, indem sie in leicht geduckter Körperhaltung etwas verunsichert den Boden beschnüffelte. Nach einem schnellen Blickaustausch mit Delinda schlich sie vorsichtig zum Kadaver, an dem die Grizzlies weiterhin abwechselnd fraßen, beziehungsweise die junge Wölfin anstarrten.

Oben: Delinda (unten links) beobachtet aufmerksam, wie ihre Tochter sich mit angelegten Ohren an die beiden Bären anpirscht. Die Körperhaltung von Chinook dokumentiert sowohl Annäherungs- als auch Fluchttendenzen. Die beiden Grizzlies bleiben ruhig, behalten die erst 14 Monate alte Jungwölfin jedoch genau im Auge.

Nun war guter Rat teuer, denn eine unüberlegte Attacke in Richtung der Bären erschien wenig sinnvoll. CHINOOK entschied sich für einen Umweg, lief durch den Bach und stand alsbald in respektvollem Abstand hinter den Kolossen. Zum Glück zeigten die wenig Interesse weiter zu fressen, wohl in erster Linie deshalb, weil sie ihren Beuteanteil schon konsumiert hatten.

Minuten später gaben die Bären den Kadaver endgültig auf. Nun wurde auch DELINDA aktiv, indem sie Blickkontakt zu CHINOOK aufnahm. Die beiden Weibchen schienen sich über den Austausch von präzisen Signalen regelrecht absprechen zu wollen, wie die günstige Gelegenheit im Weiteren zu gestalten ist. DELINDA marschierte los und schnappte sich ein großes Stück Fleisch. Tochter CHINOOK nahm das selbstbewusste Auftreten ihrer Mutter zum Anlass, ihrerseits vorzupreschen und geschwind den Magen zu füllen. Die Kombination aus Abwartestrategie und kommunikativem Signalaustausch hatte sich offensichtlich ausbezahlt, denn danach traten die beiden Wölfinnen den Rückzug an, organisierten einen gemeinsamen Nahrungstransport und trotteten zügigen Schrittes zum Bau. Die Ernährung der Welpen war erneut gelungen. Wer den Hirsch ursprünglich zur Strecke brachte, blieb ein ungelüftetes Geheimnis.

Derweil hielten sich die Grizzlies weiterhin nur hundert Meter vom Ort des Geschehens auf. Ihnen war eindeutig nach Herumtoben zu Mute. Aufrecht auf den Hinterbeinen stehend, maßen sie ihre Kräfte. Wahrscheinlich handelte es sich um erwachsene Brüder, die als Zweierteam unterwegs waren. Peter hielt noch einige spektakuläre Ringeinlagen mit der Kamera fest. Nach einer guten halben Stunde war der Spuk vorbei und die Bären im Wald verschwunden.

Links: Um keine direkte Konfrontation zu provozieren, umkurvt CHINOOK *die beiden Bären erst einmal sehr weitläufig. Um einen Sicherheitsabstand von mindestens fünf Metern gewährleisten zu können, bevorzugt sie es offensichtlich, durch einen Bach zu laufen und „nasse“ Pfoten zu bekommen.*

Rechts: Durch interaktives Ringen verbessern Braunbären ihre Fitness, individuelle Schnelligkeit und Bewegungsmotorik. In jungen Jahren bleiben männliche Grizzlies durchaus längere Zeit zusammen. Altbären durchstreifen ein Revier von bis zu 4.000 km².

FLUFFY *steht völlig verunsichert zwei Meter vor dem Grizzly, der souveräne Gelassenheit demonstriert. Er stellt sich mit seinem gesamten Körpergewicht auf den Kadaver und sichert ihn ab.*

Die sagenhafte Geschichte vom Spiel mit dem T-Shirt

In den frühen Morgenstunden des 21. März 2008 ereignete sich ein ungewöhnliches Spektakel, das meines Erachtens wohl noch niemand beobachtet hat: An einem knorrigen Seitenzweig eines alten Baumstamms hing ein blaues T-Shirt, welches ein Tourist oder sonst irgendwer dort vor geraumer Zeit zurückließ. An besagtem Morgen schlenderte ein junger Grizzly herbei. Er beroch das unbekannte Objekt minutenlang, riss es herunter und beschäftigte sich damit intensiv. Außergewöhnlich? Wohl eher nicht, denn Bären gelten allgemein als sehr neugierig und verspielt. Zunächst beobachtete der knapp zweijährige Wolfsrüde LAKOTA das ganze Geschehen interessiert aus der Ferne. Neugierde ist auch eine typische Wolfseigenschaft. LAKOTA übermannte der Drang nach Erkundung, ging schnurstracks zum Bären und versuchte ihm das T-Shirt irgendwie abzuluchsen. Der Konkurrent fixierte das Objekt der Begierde mittels eines strengen Blicks und sicherte es mit seiner linken Vorderpranke. LAKOTA näherte sich bedächtig Schritt für Schritt. Der Bär spielte weiter entspannt und wenig besorgt mit dem T-Shirt, wälzte sich genüsslich im Schnee, dann wieder auf dem Rücken. Vor lauter Übermut vergaß er anscheinend für kurze Zeit das Absichern des Kleidungsstücks. Oder wollte er das T-Shirt etwa absichtlich zum Spiel mit dem Wolf freigeben? Wer weiß schon, was in einem tierischen Gehirn so alles vor sich geht. Bei einem leblosen Stück Stoff handelt es sich um nichts Fressbares, ein ernstgemeinter Wettbewerb um Nahrungsressourcen konnte in diesem speziellen Fall also kaum eine Rolle gespielt haben.

LAKOTA sah das offen liegende T-Shirt, startete blitzschnell durch und schnappte es sich. Bevor der Bär so richtig registriert hatte, was los war, trabte der grau-schwarze Wolfsrüde von dannen.

Die Ersatzbeute mehrmals kräftigt durchschüttelnd, steuerte er einen nahe gelegenen Waldrand an. Diese Schmach wollte der Grizzly natürlich nicht auf sich sitzen lassen, stand auf und verfolgte LAKOTA. Interessanterweise verzichtete dieser auf jegliches Aussenden von Signalen eines typischen „Imponiertragens“ (= Imponierhaltung plus Objekt). Stattdessen lief er in neutraler Körpersprache unbeirrt weiter. Die Szene war noch längst nicht zu Ende, denn irgendwie schaffte es das Bären-Männchen, LAKOTA das T-Shirt wieder abzujagen. Nun bestaunten wir das Ritual in umgekehrter Reihenfolge: Bär mit Stofffetzen im Maul vorneweg, Wolf hinterher.

Bär legte T-Shirt ganz gelassen ab, Wolf erprobte verschiedene Ablenkungsstrategien, um die Beute nochmals zu erwischen. Das gelang ihm auch. Wichtig zu bemerken ist, dass sich bei der ganzen Prozedur sowohl Bär als auch Wolf jederzeit entspannt verhielten und keine klaren Anzeichen von Aggression erkennbar wurden. Zu unserem größten Erstaunen schienen LAKOTA und der Bär einen Riesenspaß zu haben. Nach dem Schaulaufen gingen sie wieder ge-

trennte Wege. Sicherlich bleibt die Frage unbeantwortet, worum es denn eigentlich substanziell ging? Wir werteten den Auftritt der Beutegreifer als Ausdruck von Freude, als Beweis für die tatsächliche Existenz von Emotionen bei Tieren. Vielleicht, allen Unkenrufen zum Trotz, hatten ein Bär und ein Wolf an diesem sonnigen Wintertag einfach nur ein gemeinsames Interesse daran, ungezwungen zu interagieren und miteinander zu spielen!?

Die Schlacht auf NANUKS Hügel

Nachträglich möchte ich den März des Jahres 2008 zum Monat der Wolf-Bär-Interaktionen deklarieren. Nur eine Woche nach der bemerkenswerten T-Shirt-Aktion, genauer formuliert um 7.58 Uhr des 31. März, lag NANUK schlafend auf einem seiner klassischen Lieblingshügel. Seine Lebensgefährtin DELINDA hatte sich in bequemer Seitenlage zur Ruhe gebettet. SUNDANCE und FLUFFY jagten Mäuse in einer Talsenke. Nachdem sich auch die beiden Jungspunde hingelegt hatten, traf mein Blick unerwarteterweise auf einen Grizzly. Etwas mulmig war mir schon zumute, denn der Koloss kam langsam nur knappe hundert Meter vor meinen Augen aus dem Wald. Es folgte ein prägnantes Luftwittern, aber keinerlei Annäherung in meine Richtung. Ich gab mich entspannt und überprüfte meine Kamera. Das erwachsene Bären-Männchen schaute mich an, streckte seine Hinterläufe aus und rollte sich auf dem Rücken hin und her. Als Nächstes strampelte er gelassen mit den Beinen in die Luft. Wollte er mir etwa mitteilen, dass er über genügend Selbstsicherheit verfügte oder brachte er einfach nur sein momentanes Wohlbefinden zum Ausdruck? Tags darauf rief ich meinen Lehrmeister Paul an und erhielt eine unerwartete, höchst „wissenschaftliche" Erklärung: „Well, what should I say, this bear liked you".

Zurück zum damaligen Geschehen: Der Bär stand gelassen auf und würdigte mich keines Blickes mehr. Sekunden später stapfte er in geradezu majestätischer Haltung in den Wald. Plötzlich stand FLUFFY an der gleichen Stelle, wo Grizzly verschwunden war. Bald stellte sich heraus, dass dieser gut getarnt in liegender Position einen alten Restkadaver bewachte. Dann stand er auf, zeigte unübersehbar Präsenz. FLUFFY versuchte etwas halbherzig, der potenziellen Beute habhaft zu werden, trauten sich aber nicht. Ihre Köpersprache der allgemeinen Verunsicherung sprach Bände.

LAKOTA *rennt mit dem T-Shirt voran, verfolgt von einem jederzeit amüsiert und überhaupt nicht aggressiv wirkenden Grizzly-Bären. Das harmlose Gerangel um die „Ersatzbeute" zog sich über mehrere Stunden hin.*

Nanuk hielt sich ca. 150 Meter entfernt vom Ort des Geschehens auf. Dennoch war dem stets aufmerksamen Leitrüden das ganze Hin und Her nicht entgangen. In Begleitung von Sohn White Fang näherten sich die beiden Herren ihrem Widersacher in Alarmhaltung, mit erhobener Rute. Der saß jetzt in der offenen Landschaft auf seinem Hinterteil und schlug quasi pro forma schon einmal mit den Vorderpranken in die Luft. Auge in Auge stand man sich nun gegenüber. Der Nervenkrieg begann. Nanuk trat an den immer noch sitzenden Bären heran, zog die Lefzen hoch und knurrte laut und vernehmlich. White Fang hielt derweil einen Respektabstand von einigen Metern ein. Sollte der Vater die durchaus brenzlige Ausgangslage doch erst einmal alleine austesten. Der Bär blieb gefasst und ließ sich sogar überraschenderweise auf den Boden fallen. Nach und nach eilten mehr und mehr Gruppenmitglieder heran, schlugen einen Bogen und umzingelten den Grizzly. Nanuk gab sich die allergrößte Mühe, den Nahrungskonkurrenten durch gezielte Angriffe und etliche Hops-Sprünge madig zu machen.

Nanuk (links) übernimmt die Initiative und versucht den Grizzly durch Fixier-Blick und Zähne-Zeigen irgendwie in ein Fluchtschema zu zwingen. Der Bär hebt demonstrativ seine linke Vorderpfote und nimmt eine Verteidigungsposition ein. White Fang (rechts) schaut seinem Vater zu und scheint über intensives Beobachtungslernen herausfinden zu wollen, wie sich ein ausgebuffter Wolfsvater in so einer Konfrontationssituation angemessen verhält.

NANUK lockte den Bär vom Kadaver weg, der eigentlich nur noch aus einem Gerippe und einem großen Fellstück bestand. Derweil schlichen einige Jungwölfe diskret in den Wald und rissen eine Rippe aus dem Skelett des toten Hirschs. Erstaunlicherweise wälzte sich der Bär zwischenzeitlich immer wieder ziemlich unbesorgt auf dem Rücken, wirkte trotz hektischen Umfeldes irgendwie „cool". NANUK trat bis auf zwei Meter heran und fixierte ihn. Mittlerweile war auch DELINDA auf der Bildfläche erschienen. Als der braune Gigant ihr entgegenspurten wollte, zeigte sich die erfahrene Leitwölfin nicht sonderlich erschrocken. Jetzt wurde es NANUK zu bunt. Er sah seine Bindungspartnerin in akuter Gefahr, woraufhin er erheblich entschlossener auftrat. Er umkurvte den Fressfeind mehrmals und biss ihn anschließend beherzt ins Hinterteil. DELINDA nahm die ganze Aktion aufmerksam zur Kenntnis. Ihre Rute war steil nach oben gerichtet. Weitere Familienmitglieder kamen hinzu und beteiligten sich an dem nervenaufreibenden Scharmützel. In dem ganzen Tumult war es für uns Beobachter ungemein schwierig, wenn nicht gar unmöglich, den Überblick zu behalten. Ehrlich gesagt, wussten wir manchmal nicht mehr so recht, wer eigentlich wer war.

NANUK *bedrängt den liegenden Bär, der diese verbissene Attacke allerdings nicht sonderlich ernst zu nehmen scheint. Der schwarzer Jährling* SILVERTIP *(hinten links) nutzt die Gelegenheit, um die Überreste des Kadavers auf Fressbares zu überprüfen.*

Irgendwie schien sich der Grizzly vorerst nur noch auf NANUK konzentrieren zu wollen. Genau das hatte der Leitrüde von Anfang an beabsichtigt. Es entwickelte sich ein offener Schlagabtausch mit ungewissem Ausgang. Mal war es der Bär, der NANUK hinterher sprintete, dann wieder umgekehrt. Mit List und Tücke gelang es ihm trotzdem, seinen widerspenstigen Verfolger Meter um Meter weiter ins offene Gelände zu locken.

Nun eilten erneut DELINDA und SILVERTIP herbei. In einer gemeinsamen Aktion testeten sie, ob Meister Petz endgültig zu vertreiben war. Aber trotz zahlenmäßiger Überlegenheit verlor dieser offenkundig nicht so schnell die Nerven. Seine Ausdauer und Gelassenheit waren bewundernswert. Alsbald hatten es einige Jungwölfe erneut geschafft, ein ums andere Mal zum Kadaver zu laufen, um schnell ein Stück Beute zu stehlen. Wolf um Wolf sicherte sich einen Knochen oder ein Stück Fell. Dann trabte man großspurig, in aufgeplusterter Haltung, beuteschüttelnd davon. Die Zeit verging im Flug.

Links: NANUK und Grizzly wechseln sich bei der gegenseitigen Verfolgung ab. Keinem der beiden Kontrahenten gelingt der entscheidende Ernstschlag, welcher die ganze Prozedur eventuell beenden könnte. Schlussendlich haben die Akteure so viel Energie verbraucht, dass sie gezwungen sind, eine vorübergehende Verschnaufspause einzulegen.

Oben: Nachdem der Bär DELINDA dreist attackiert, lenkt NANUK ihn durch zielgerichete Bisse in Hintern und Flanke von ihr ab. DELINDA ist mittlerweile „stinksauer“. Ihre offensive Körpersprache signalisiert eindeutig, jederzeit zum Eingreifen bereit zu sein.

Der Grizzly versuchte nochmals den recht nahegelegenen Waldrand zu erreichen. SUNDANCE gab sich alle Mühe, genau das wagemutig zu verhindern. Blitzschnell postierte sie sich frontal vor den Bären. Der stellte sich hoch aufgerichtet auf die Hinterläufe und warf ihr einen strengen Blick zu.

Auf sich allein gestellt konnte die forsche SUNDANCE nichts ausrichten. Jetzt riss LAKOTA das Heft an sich. Vorsichtig pirschte er sich heran. Zwei weitere Jährlinge gesellten sich hinzu und rannten aufgeregt in kreisenden Bewegungen um den Bären herum. Der beobachtete die Wölfe zwar ganz genau, wartete die nachfolgenden Aktionen jedoch ungemein selbstsicher ab. „Aussitzen" ist gar keine schlechte Strategie. Die Rituale wiederholten sich. LAKOTA fehlte die letzte Entschlossenheit, ein endgültiges Ergebnis herzustellen. Bald war Ruhe eingekehrt. Die Kampfhandelnden gaben nach und nach auf. Die ganze Schlacht hatte bei allen Beteiligten deutliche Spuren hinterlassen und viel Kraft gekostet. Nachdem über eine halbe Stunde lang nichts Erwähnenswertes mehr passierte, verließen wir glücklich und zufrieden unser bestens getarntes Versteck.

Links: NANUK, SUNDANCE *und* FLUFFY, *die mit erhobener Rute herannaht, umringen den Bär.* DELINDA, *links außen, fixiert ihn ebenfalls.*

Unten: Nachdem NANUK *(vorne) nochmals einer massiven Verfolgung ausgesetzt ist, mischt sich* DELINDA *(hinten) erneut mutig ins Kampfgeschehen ein. Dadurch ist der Beweis erbracht, dass Leittiere bei Gefahr als verschworene Gemeinschaft auftreten.*

Am nächsten Morgen wollten Peter und ich uns nochmals umschauen. Und siehe da, der gestrige Tag hatte nur als vorübergehender Waffenstillstand geendet. Sowohl der Bär als auch alle Wölfe waren weiterhin anwesend. Endgültig geklärt war immer noch nichts. Wie sich die Bilder doch glichen: DELINDA hatte sich gerade einen Knochen stibitzt und lief damit in eine Talsenke. Das Interesse der Jungtiere hatte im Vergleich zum Vortag anscheinend rapide abgenommen. Nur NANUK hielt weiterhin unnachgiebig die Frontstellung. Mehrfach forderte er den Bären zum Duell. Nichtsdestotrotz konnten wir uns des Eindrucks nicht erwehren, dass sich die Kontrahenten mittlerweile in reinen Ritualhandlungen verstrickt hatten. Nach einigen Stunden relativ nutzlosen Geplänkels, das ohne konkretes Ergebnis blieb, legten sie sich im Abstand von hundert Metern hin. NANUK beharkte einen Knochen, der Bär schüttelte einen Fellfetzen und riss ihn anschließend auseinander. War hier nach dem ganzen Theater etwa allgemeiner Frustabbau angesagt? Ein zusammenhängender Kadaver existierte schon lange nicht mehr.

Die Helden wirkten verdammt müde und schliefen nun um die Mittagszeit allesamt friedlich in der Sonne. Der „dramatische Kampf" hatte sich bis auf kurzfristige Unterbrechungen sage und schreibe fast zwei Tage hingezogen. Wir blickten noch einige Zeit auf inaktive Beutegreifer, für die die Zeit der temperamentvoll vorgetragenen Auseinandersetzungen wohl abgeschlossen war...

Links: Die junge SUNDANCE *fasst sich ein Herz und fixiert in einer angespannten Aufmerksamkeitshaltung den Grizzly, der sich zwecks Selbstverteidigung auf die Hinterläufe stellt und so einige Zeit in Lauerstellung verweilt.*

Unten: NANUK *und der liegende Bär fixieren sich gegenseitig. Was in eine blutige Auseinandersetzung hätte ausarten können, endet in belanglosen Ritualhandlungen. Weder der Bär, noch irgendein Wolf tragen nennenswerte Verletzungen davon.*

Begegnungen mit Pumas

Zwischen Jagdmission und Revierverteidigung kann das Aufeinandertreffen einer Wolfsfamilie mit einem Puma die Kräfteverhältnisse schon einmal kräftig durcheinanderwirbeln. Männliche „Berglöwen" messen laut G. Scotter (1995) von Kopf bis Schwanzspitze 170 bis 275 cm und sind 60 bis 100 kg schwer. Die entsprechend kleineren und leichteren Weibchen beanspruchen ein Heimrevier von zirka 160 km^2. Ziel eines jeden solitär umherziehenden Männchens ist es, gegenüber Rivalen ein 400 bis 850 km^2 großes Territorium abzugrenzen. Pumas können eine Wegstrecke von bis zu 50 km pro Tag zurücklegen.

Zurückhaltung üben muss wohl jeder, der eine Puma-Sichtung vermelden will. Enttäuscht müssen auch wir zugeben, nur wenige Anekdoten erzählen zu können. Im Winter 2001/02 lag ein Hirschkadaver in einer Waldlichtung. Ein Puma mag dadurch Hoffnung auf eine einfache Mahlzeit geschöpft haben. Allzu viel Zeit für eine Gefahrenanalyse blieb ihm nicht, weil die „Fairholmes" eine eiskalte Verteidigungstaktik umsetzten. Der eitle Auftritt der Großkatze endete damit, dass die ungleiche Konkurrenz in Form von 14 Wölfen ungehemmt angriff. Der alte Rivale wurde kurzerhand getötet. Die zielgerichtete Beeinflussung des Hirschbestands in Banff hatte eine Wandlung im Verhältnis zwischen Wolf und Puma bewirkt. Die Folge: verstärkte Konfrontationen.

Wenn ein Berglöwe plötzlich in offenes Gelände kommt, liegt dessen Schwäche oftmals in der konsequenten Umsetzung seines „automatisierten" Beutefangverhaltens. Ein Pumaweibchen, das womöglich hinter Kleinbeute her war, landete im Sommer 2005 ungewollt in einer Böschung nahe des TCH. Auch wenn dies das Letzte war, was der scheue Beutegreifer gebrauchen konnte, eröffnete es meinem Freund Uwe Brauns ein seltenes Beobachtungsvergnügen. Gewiss: Doug, eine berühmte „lokale Größe", dessen Hauptstreifgebiet sich durch das Territorium der „Bows" zieht, haben wir in den vergangenen Jahren mehrmals über die 1A huschen sehen. Ansonsten aber verhalten sich Pumas wie unsichtbare Geister. Doug war die einzige Ausnahme. Im Laufe der Jahre wurde mir die große Ehre zuteil, ihn tatsächlich drei Mal über einen Zeitraum von mehreren Minuten beobachten zu dürfen. Bei solchen Gelegenheiten schaute er mich an, als ob er sagen wollte: Mist, erwischt, das nächste Mal trickse ich dich wieder besser aus und du wirst nur meine Spuren sehen.

Berglöwen erbeuten in den Rocky Mountains hauptsächlich Rehe und Hirsche, gelegentlich sogar Elche. Die „wasserscheue" Großkatze ist durchaus bereit, angebliche Eitelkeiten zurückzunehmen und tritt mitunter als talentierter Fischjäger in Erscheinung. Auch Schneeschuhhasen und Großvögel aller Art stehen auf dem Speiseplan.

Begegnungen mit Kojoten

Kojoten sind alles andere als „Suizidkandidaten“. Dennoch schützen deren Ablenkungsmanöver manchmal noch nicht einmal den Nachwuchs. Entscheidende Neuerungen brachten die Entdeckungen der Redakteurin des Wolfmagazins. Elli Radinger wurde bei einem Besuch im Lamartal von Yellowstone im Frühjahr 2008 Augenzeuge einer straff organisierten Wolfsgruppe, die erstmals ganz gezielt und nüchtern mehrere Erdbauten aushob, um die darin befindlichen Kojotenwelpen zu töten.
Die „Umgangsregeln“ besagen allerdings auch, dass der „Gestrüpp-Wolf“ alltäglich von Kadaver zu Kadaver geht und permanent Nahrungsressourcen stibitzt. Studienberichte von D. Smith (2000-2008) belegen auf der einen Seite eine Reduktion der Kojotenpopulation um über 50%, seit sich der Wolf in Yellowstone wieder etabliert hat. Auf der anderen Seite kann der Rotfuchs wieder „aufatmen“ und seinen Bestand erhöhen, seit es deutlich weniger Kojoten gibt. Auch wenn das Diebstahlsritual für viele Kojoten zum Problem werden kann, schlagen clevere Individuen weder zu früh noch zu spät zu. Ausgebuffte „Trickser“ warten exakt den Zeitpunkt ab, wenn sich Wölfe vollgefressen und daher unbeweglich zur Ruhe gebettet haben. Timing ist alles. Kojoten-Männchen erreichen nach Berechnungen von T. Wilkinson (1995) eine Schulterhöhe von 55 bis 65 cm. Ihr Körpergewicht variiert im Schnitt zwischen 15 und 20 kg. Die „bellenden Hunde“ leben je nach Beutetierangebot entweder in Gruppenverbänden (wo sie Rehe und vereinzelt sogar Hirsche jagen) oder paarweise (wo sie sich primär von kleinen Säugetieren, Vögeln und Insekten ernähren). Kojoten präferieren Langzeitmonogamien mit festen Partnern. Wir kennen sogar Kojotenpaare, die es trotz aller Gefahren ihres Lebensraums geschafft haben, bis zu sieben Jahren einträchtig zusammen Welpen aufzuziehen. In der Norm verlässt der Nachwuchs seine Eltern bereits mit sieben oder acht Monaten.

DELINDA sympathisierte zeitlebens mit gnadenlosen Verfolgungsabsichten, wo immer sie einem Kojoten begegnete. Im Nachhinein blieb besonders der 15. Januar 2008 in unserem Gedächtnis haften, weil die „Bows“ minutenlang wie ein elektrisiertes Kontrollgremium die 1A beschnüffelten, bis sie die Spur eines Kojoten geruchlich haargenau einzuordnen in der Lage waren. In einer koordinierten Aktion liefen DELINDA, LAKOTA und CHINOOK auf und ab. Sie hatten es nur auf ein Ziel abgesehen: einen flüchtenden Jungrüden, der vor lauter Panik im Tiefschnee fast stecken blieb. In der Zwischenzeit inszenierte NANUK stimmig und wirksam einen entschlossenen Angriff. Schwer zu sagen, wer für das Kojotenleben ruinöser war: NANUK, der ihn am linken Vorderlauf packte, oder DELINDA, die sich im Rückenfell des Fluchtopfers verbiss. Fest stand nach wenigen Minuten nur: Nachzulassen kam für die in Zorn vereinten Wölfe nicht in Frage. Ihr Konkurrenzneid resultierte schlussendlich im schnellen Tod des unvorsichtigen Opfers.

Wer jedoch denkt, Wolf-Kojoten-Begegnungen endeten immer gleich, der irrt. Viel gelacht haben wir, als ein Kojotenpaar NANUK im Dezember 2002 frech bellend von einem Kadaver vertrieb. Der war damals acht Monate alt, wirkte leicht verlegen, traute sich nicht, den beiden Kojoten Paroli zu bieten. Viermal hintereinander versuchte er, seine Widersacher durch allerlei Imponiergehabe zu beeindrucken, jedes Mal ging die Sache schief, die Kojoten obsiegten. Wie sich die Zeiten doch ändern.

Kojote auf der Flucht vor Wölfen: Das Verhältnis Wolf-Kojote ist äußerst zwiespältig. Die herkömmlichste Verhaltensvariante im Wolfsland stellt sich wie folgt dar: Aus Angst vor einem Lebensende agieren Kojoten extrem vorsichtig und sehr gewitzt.

Begegnungen mit Raben

Zwischen Wolf und Rabe scheint ein „Zwang zur Eintracht“ zu bestehen: „Raben sind die Augen der Wölfe“, werden manche Natives zitiert, weil sie Gefahren von Baumwipfeln aus schneller erkennen. Hinter deren aufmerksamem Gezeter steckt purer Eigennutz, keine „ehrenwerte Struktur“. In gewisser Weise deuten Wölfe den Weg zur prompten Erschließung von Nahrungsressourcen. B. Heinrich (2002) nennt Raben sehr passend „wolf-birds“.
Geradezu verblüffend ist die genaue Überprüfung von Raben-Männchen durch weibliche Tiere. Als potenzielle Paarungskandidaten kommen nur diejenigen in Frage, welche sich an Kadavern forsch inmitten von Wölfen aufhalten und Nahrung stehlen. In diesen Momenten wählen „Raben-Damen“ nach stetem Zugewinn an Informationen ihren zukünftigen Partner aus, mit dem sie über Jahre hinweg in „Einehe“ leben. Inoffiziell, weil nicht belegbar, wird in manchen Zeitungsberichten darauf verwiesen, Raben könnten bis zu einem Pfund Fleisch pro Tag vertilgen... Wann immer die „Bows“ aktiv umherliefen, waren mindestens zwei Raben mit von der Partie.

Legten NANUK & Co eine Pause ein, ruhten ihre gefiederten Begleiter ebenfalls. F. Harrington (1995) beobachtete Rabenhorden, die ihre Flugrichtung abrupt veränderten, nachdem sie eine Wolfsfamilie erspäht hatten. „Wir feilen an der ständigen Verbesserung einer ohnehin engen Symbiose“, scheint die beiderseits akzeptierte Devise zu lauten. „Verhaltensabsprachen“ geben Wolf wie Rabe Sicherheit. Beide Seiten fördern kommunikative Aufmerksamkeiten und alle profitieren davon. Raben müssen an Kadavern auf die Ankunft von Wölfen warten, weil sie die dicke Haut großer Beutetiere nicht selbstständig öffnen können. Jedes Jahr zieht dasselbe Rabenpaar seine Jungen in unmittelbarer Nachbarschaft zum Erdbau der „Bows“ auf.

SURVIVOR *scheucht Raben: Der Wille eines jeden Raben, zu stehlen, trotz allem Risiken in Kauf zu nehmen, bleibt ungebrochen.*

Begegnungen mit Menschen

Für unser bewusstes Vorgehen, Menschen in das Kapitel „Begegnungen mit anderen Tierarten" einzugliedern, ernten wir sicher einige unmutsbekundende Zwischenrufe. Dabei ist der Mensch im Verständnis von K. Kotrschal (2003) aus naturwissenschaftlicher Sicht weder geplant, noch gewollt, seine Existenz hat nicht mehr, aber auch nicht weniger Sinn als die von Regenwürmern. Oder mit den Worten des Biologen E. Wilson: „Wenn die Menschen über Nacht von der Erde verschwinden würden, gäbe es nur wenige Spezies, die auch verschwinden würden. Die restliche Natur würde sich erholen, die Erde würde grüner werden und alle anderen Tiere würden in ihrer Population zunehmen".

Massentourismus und seine Folgen

Heutzutage beherbergt das Bowtal vier bis fünf Millionen Besucher pro Jahr. Massentourismus ist die Folge. Rein kaufmännisch betrachtet trägt die Tourismusindustrie signifikant zum Wirtschaftsaufschwung der Provinz Alberta bei. Diversen Berichten zufolge sollen Parkbesucher im Jahr 2005 zwischen 1,21 und 2,07 Milliarden Dollar unters jubelnde Geschäftsvolk gebracht haben. Die Millionenstadt Calgary liegt nur eine knappe Autostunde entfernt, die ebenfalls boomende Stadt Canmore mit zirka 15.000 Einwohnern ist in unmittelbarer Nachbarschaft zum BNP gelegen. Der gewaltige Druck auf die Nationalparks der Rocky Mountains wächst von Jahr zu Jahr. Ein weiser Mann namens Dr. David Suzuki mahnte schon vor einer Dekade, die Kanadier seien im Begriff, ihre Nationalparks zu Tode zu lieben.

Zurzeit ziehen Wildlife-Manager eine willkürliche Grenze zwischen „gutem" (adaptivem) und „unnatürlichem" (habituiertem) Verhalten, sobald sich ein Tier im weiteren Umfeld von Menschen aufhält. Mike sagt zum aktuellen Stand im BNP: Der Begriff Habituation wird von Öffentlichkeit und Managern gleichermaßen missinterpretiert, weil man ihn oft fälschlicherweise mit dem Begriff Adaption gleichsetzt. Um den Streit um „Grenzüberschreitungen" zu klären, helfen zuallererst ethologisch-präzise Definitionen. D. Feddersen-Petersen (2004) umschreibt „Adaption" als eine Anpassung, eine Eigenschaft, die Individuen zu einer höheren Gesamtfitness verhilft. Hingegen ist „Habituation" eine Form des Lernens, bei der Individuen aufhören, auf Reize zu reagieren, die keinerlei Folgen haben, welche sich verstärkend auf die Reaktion auswirken könnten. Über diese klare Unterscheidung gilt es nachzudenken, bevor man unüberlegt zu Werke geht.

Neugieriger Jungwolf beim „Foto-Shooting": Einen verbindlichen Maßnahmenkatalog gibt es nicht, der den millionenfachen Zustrom an Parkbesuchern und deren Verhalten regulieren würde. Wo sollen die Tiere bei solchen rasanten Zuwächsen menschlicher Präsenz ihren Platz finden?

Im Bowtal modifizieren Manager das Verhalten von sogenannten „habituierten“ Tieren, damit die sich in eine imaginäre „Wildnis“ zurückziehen. Der Begriff „Modifikation“ hört sich erfolgsversprechend an, ist aber nach Mikes und Pauls Meinung eine knifflige Sache. „Aversive Konditionierung (z.B. Einsatz von Gummigeschossen, Feuerwerkskörpern) sollte ausnahmslos durch besttrainiertes Fachpersonal zur Anwendung kommen, um unerwartete Konsequenzen zu vermeiden. Jeder Aktionsplan muss über eine längere Zeit stattfinden, um dieselbe Botschaft immer wieder zu vermitteln, fordern Mike und Paul übereinstimmend. In der Praxis weichen Verhaltenskorrekturmaßnahmen leider Spontanhandlungen. Im BNP sucht man nach einer professionellen (verhaltenspsychologisch-begleiteten) Ausbildung zum „Konditionierungsspezialisten“ vergebens. Das Resultat fällt dementsprechend diskussionswürdig aus.

Aus der Fülle uns vorliegender Fälle, möchten wir auf drei besonders markante Beispiele aufmerksam machen: Schwarzbär SUNSHINE wagte es, am Rand einer wenig frequentierten Straße Löwenzahn zu fressen. Menschen ignorierte sie, aggressiv verhielt sie sich nie. So schilderten es zumindest übereinstimmend Dutzende Zeitzeugen. Trotzdem stufte man die Bärin als „habituiert“ ein, konfrontierte sie mit aversiven Konditionierungsutensilien. SUNSHINES panische Flucht endete wenig später auf dem TCH, wo sie überfahren wurde. Es wäre wohl nie so weit gekommen, hätte man eine fachlich-korrekte Charakteranalyse vorgenommen. Bei der Bärin handelte es sich nämlich um eine Vertreterin des schnell überforderten A-Typs! Angelockt von Essensdüften näherte sich die hoch sensible Fairholme-Wölfin SANDY mehrmals vorsichtig einem Campingplatz. Unseren Vorschlag, zur Abschreckung einen Elektrozaun zu installieren, lehnte man mit der Begründung ab, „Touristen würden sich eingesperrt fühlen“. Die hier aufgeführten aversiven Konditionierungsmaßnahmen versagten, SANDY wurde erschossen. Eine intensive Umfrage von Mike unter Campern in Lake Louise ergab: Die Touristen liebten den dort aufgestellten Elektrozaun, „weil er letztlich mehr Sicherheit vor Beutegreifern garantiere“.

Der malerische Bowfluss im Sonnenuntergang: Das Bowtal ist nur wenige Kilometer breit, wird aber durch den TCH, die CP-Rail, den Fluss und die 1A durchzogen.

Wolfsrüde DREAMER nahm die Feindseligkeit eines ihn angreifenden Hundes zum Anlass, sich zu wehren. Die Auseinandersetzung überlebte der am Stadtrand von Banff frei laufende Hund nicht. Als sich dieser Grenzfall ereignete, sprach man offiziell nur von einem „hoch habituierten“ Wolf, den man erschießen musste. Das offen-aggressive Angriffsverhalten des Hundes wurde indes vertuscht. Ein Wolf musste sterben, weil ein per Gesetzdefinition illegal herumlaufender Hund nicht beaufsichtigt wurde.

Habituation kann ein Verhaltensprozess sein, der als Adaptiv-Strategie beginnt und in einem Stadium endet, wo ein Wildtier Menschen bedrohlich nahe kommt. Die von uns täglich beobachtenden friedlichen Aufeinandertreffen zwischen Mensch und Tier offenbaren allerdings eine gänzlich andere Version. Indem Tiere ohne strikte Beachtung aller verhaltensökologischen Umstände unüberlegt in einen „Konditionierungskrieg" gezwungen werden, den extrovertierte A-Typen mit unberechenbaren Verhaltensreaktionen beantworten, verhindert man leichtfertig ganz normale Anpassungsprozesse von adaptiven Tieren. Pauls Fazit: Wildlife-Manager sind nicht kompetent in dem Arbeitsfeld der wissenschaftlichen Expertise.

Zu wünschen bliebe ein stärkeres Engagement für eine innovative, zukunftsweisende Politik in Form von „Menschen-Management". Dazu müsste beispielsweise gehören, endlich Parkbesucher hart zu bestrafen, die vor allem auf der 1A Geschwindigkeitsbegrenzungen missachten, Wildtiere mit Auspuffgasen volldröhnen oder ihnen ohne Rücksicht hinterherlaufen.

Menschliche Eingriffe in die Natur

„Auch wenn die Wolfsökologie allgemein gut verstanden wird, bleibt ein Informationsdefizit über die Konditionen, die eine Koexistenz von Wolf und Mensch erlauben. Eine rigorose Evaluation des Wolf-Mensch-Lebensraums ist wichtig, um Management-Entscheidungen zu leiten" (Paquet & Hackmann 1995). In diesem Zusammenhang darf das „Feuer-Management" im BNP nicht unerwähnt bleiben. Nach wie vor gibt es die Hoffnung, durch punktuelle Brandrodungen den Waldbestand zu verjüngen, Äsungsflächen für Huftiere zu schaffen und Schädlinge zu bekämpfen. Manager sind jedoch oft Chefs einer unvorhersehbaren Unternehmung. Dreht zum Beispiel die Windrichtung unerwartet rasch, kommt eine Wölfin wie PALLISER durch starke Rauchinhalation um, oder, wie ebenfalls schon berichtet, wird eine Wölfin wie KASHTIN gezwungen, ihr angestammtes Höhlengebiet aufzugeben. Dies ist völlig verantwortungslos. Erdbauten sollten daher jederzeit zu geschützten Zone-1-Gebieten erklärt werden.

Warten auf die Ankunft von Gruppenmitgliedern am Familientreffpunkt. Bowtal-Wölfe halten sich im Mittelwert zu 75% der Gesamtzeit im wohl vertrauten Heimatgebiet auf, dem Kernterritorium um Geburtsort, Rendezvousplätze, Spielstätten und primäre Jagdreviere.

Paul weist darauf hin, es sei seit vielen Jahren bekannt, dass „Mountain-Karibus" (*Rangifer tarandus*) im „old growth forest" Schutz suchen und zum Überleben sich von zahlreichen Flechten alter Baumbestände ernähren. Trotzdem wird in großen Teilen ihres natürlichen Lebensraums seit Jahren „kontrolliertes Feuer-Management" betrieben. Unglücklicherweise ignorieren wir alle oft das eigentlich Offensichtliche: Wir sind nur Menschen, die gesamtökologische Dimensionen notgedrungen nur aus unserer Sicht verstehen. Oder mit den Worten von Paul: „Manchmal richten wir mehr Schaden an, obwohl wir eigentlich das Gute wollten..."

Zugefrorene Flussläufe und Sumpfgebiete bieten den Wölfen eine Erweiterung ihres Jagdreviers. Gezielt zeigen Wolfseltern ihrem Nachwuchs, wie man diese saisonal bedingte Reviervergrößerung für die Jagd ausnutzen kann.

Ein Blick in die Zukunft

Sich auf Lorbeeren auszuruhen, bedeutet Wissensstillstand. Unsere Zeit des Lernens ist noch längst nicht vorüber. Nach wie vor fühlen wir uns wie „Kinder im Wunderland“. Viele Antworten bleiben auch nach über 9.000 direkten Beobachtungen (unterschiedlicher Länge) unbeantwortet. „Das“ Wolfsverhalten in einem vielfältigen Ökosystem zu ergründen, ähnelt einer Sisyphusarbeit. Wir hoffen, dieser Bildband trägt dazu bei, das widersprüchliche Leben der Bowtal-Wölfe zwischen Können, Wollen und Dürfen besser zu verstehen. All denjenigen, die meinen, wir hätten dabei den Bogen überspannt, möchten wir gerne entgegnen: Es wäre ein leichtes gewesen, ein seichtes, „kurzweiliges“ Buch abzuliefern. Aber wir wollten Dinge beim Namen nennen, zum Sprachrohr für diejenigen Tiere werden, deren Leben aus reinem Menschenverschulden tagtäglich am seidenen Faden hängt.

Verdrehte Welt: Der Hirschbestand des Bowtals ist regelrecht weggebrochen. Die „Bows“ patrouillieren eher ein Bahngleis entlang anstatt „wolfstypische“ Jagten einzuleiten. Sie haben sich ohne „bilanzielles Versteckspiel“ zu Gelegenheitsjägern von Rehen mit starken Abstauberambitionen entwickelt. 312 unnatürlich „bereitgestellte“ Kadaver, an denen wir sie fressen sahen, sagen eigentlich alles. Adaptive Präferenzen für einen menschen-dominierten Lebensraum

mag man bedauern, gar leugnen – die Wölfe haben nach einem langen Anpassungsprozess längst vollendete Tatsachen geschaffen. Während all der umfangreichen Recherchen begegneten sie uns (von Jahr zu Jahr statistisch schwankend) im Mittel zu 45 bis 50% der Gesamtbeobachtungszeit in der Infrastruktur des Bowtals.

Als die Wahl anstand, aus Hunderten von Anekdoten und Tausenden Fotos „die" richtigen herauszufiltern, mussten wir bedauerlicherweise auf die Berichterstattung zum Alltagsleben der „Reddeers" und „Panthers" aus dem Hinterland des BNP verzichten. Momentan leben im gesamten Nationalpark grob geschätzt nicht mehr als 40 Timberwölfe. Dazwischen, fast amüsiert, erinnerten wir uns der vielen neu-gewonnenen Erkenntnisse: Wolfsfamilien in freier Wildbahn bestehen aus einer engen Verflechtung von Individuen, deren Verständigungskunst darin besteht, über eine Signalssprache der konflikt-vermeidenden Interaktion und Kommunikation miteinander zu harmonieren. Völlig unverständlich ist uns, wie man pauschal von „Alpha-dominierten-Systemen" sprechen kann, wenn Elterntiere mindestens so viele Pflichten zu erfüllen haben wie sie Rechte in Anspruch nehmen können.
Es bleibt abzuwarten, wie es NANUK, WHITE FANG, FLUFFY, SUNDANCE, RANGER und SURVIVOR schaffen werden, ihr Leben ohne den stabilisierenden Einfluss eines Leitweibchen zu gestalten. Fakt ist, dass sie diese Hürde überwinden müssen. Wir jedenfalls sind dazu angehalten, unseren „Lehrmeistern" weiterhin ganze Aufmerksamkeit zu widmen...

NANUK *auf dem Eisenbahngleis: Bowtal-Wölfe versuchen regelmäßig, bei starkem Schneetreiben oder im Nebel entlang des Eisenbahngleises Rehe aufzuspüren, die in den letzten Jahren anstelle von Hirschen zum Hauptbeutetier geworden sind.*

Ein Wort zur Wolfsfotografie

Für viele Leser ist es sicher eine Überraschung zu erfahren, dass die meisten Bilder von Wölfen in Magazinen, Büchern oder Kalendern, nicht von frei lebenden Tieren stammen. Stattdessen handelt es sich meist um Tiere, welche in sogenannten „Gamefarms“ (Tierfarmen) gehalten werden. Bei diesen Tierfarmen kann der Fotograf/in ein oder mehrere Tiere samt Tiertrainer für mehrere Stunden mieten. Dabei wird das Tier bei bestmöglichem Licht fotogen in einer „wilden“ Landschaft von allen möglichen Seiten und Posen fotografiert. Weil viele solcher Tiere nicht artgerecht gehalten werden, und unnatürliches Verhalten auch in den Bildern oft zum Vorschein kommt (z. B. überhöhte Aggressivität), unterstütze ich solche Farm-“shootings“ prinzipiell nicht.

Bei Wolfs-Bildbänden gibt es sehr wenige Ausnahmen, welche komplett frei lebende Wölfe zeigen. Das wohl berühmteste Beispiel ist „Der weiße Wolf – eine arktische Legende“ von Jim Brandenburg. Doch wie Jim in seinem Buch berichtet, gelangen ihm in zwanzig Jahren nur gerade sieben Aufnahmen von frei lebenden Wölfen. Erst als er im hohen Norden Kanadas eine Wolfsfamilie ohne die für ihre Art so typische Furcht vor Menschen gefunden hatte, konnte er seinen lang ersehnten Wunsch verwirklichen und viele hochkarätige Fotos von ihnen machen.

Für all die Fotos in diesem Buch, benötigte ich gut zwei Jahre intensivster Arbeit. Ziel war es, die faszinierende und leider oft tragische Geschichte der Bowtal-Wölfe authentisch, ohne jegliche Klischeevorstellungen zu zeigen. Ausnahmslos alle Aufnahmen zeigen frei lebende Wildtiere, so wie ich sie durch den Sucher meiner Kamera gesehen habe. Der größte Teil der Bilder zeigt Bowtal-Wölfe, einige wenige wurden im Yellowstone oder im Jasper NP gemacht.

Folgende Tatsachen erschwerten meine Arbeit enorm:

Im Gegensatz zu den Wölfen, welche Jim Brandenburg auf Ellesmere Island vorfand, verhalten sich die Bowtal-Wölfe extrem menschenscheu. Kein Wolf war, als ich mit Günther das Projekt begann, besendert. Das bedeutete, dass wir die Wölfe jeden Tag aufs Neue suchen mussten.Wölfe sind von der Abend- bis zur Morgendämmerung am aktivsten: Etliche Male ergaben sich die besten Möglichkeiten, die Wölfe zu fotografieren, als sich die Sonne hinter dem Horizont befand. Um dennoch gute Bilder zu bekommen, musste ich oft die Lichtempfindlichkeit der Kamera bis ans Limit einstellen, ISO 1.000 bis 3.200 (ein Blitzgerät kam nur ein einziges Mal zum Einsatz). Wegen der Aussagekraft einiger Szenen, zum Beispiel die Bilder der Wolfs-provozierenden Hirschbande auf Seite 30, entschied ich mich, mitunter auch „nicht technisch einwandfreie“ Bilder in dieses Buch aufzunehmen. Die Bowtal-Wölfe meiden den Menschen, wann immer es geht, jedoch sind sie parkenden Autos gegenüber etwas weniger misstrauisch. Einige der Fotos wurden daher auch vom Auto aus gemacht. Jedoch gab es dabei ein Problem: Touristen. Allzu oft war ich nach langer Suche „schussbereit“, als ein herannahendes Touristenauto die Gelegenheit, Fotos von den Wölfen zu machen, vermasselte.

Dank Günthers langjähriger Feldarbeit mit besenderten Wölfen, kennen wir viele Wanderrouten und bevorzugte Ruheplätze der Bows. So konnte ich oft einen strategisch gut gelegenen Beobachtungsposten abseits aller Straßen wählen und gut getarnt abwarten. Um die Wölfe von weiter Ferne fotografieren zu können, benutzte ich mein größtes Teleobjektiv (500mm f4 + 1,4 x Telekonverter = 700 mm f5,6). Stundenlanges Warten war oft ein Muss. Erschien dann mal ein Wolf, hieß es ruhig Blut bewahren, sich nicht zu bewegen und auf keinen Fall ein Geräusch von sich zu geben. Diese Taktik bewährte sich glänzend, auch wenn ich manchmal einen Ast im Bild hatte.

Zur erfolgreichen fotografischen Dokumentation der Bowtal-Wölfe möchte ich mich bei folgenden Personen bedanken: Allen voran bei Günther und seiner Frau Karin Bloch. Ohne sie wären viele Fotos in diesem Buch nicht möglich gewesen. Auch Georg Sutter gebührt Dank für seine tatkräftige Hilfe zu Beginn des Projektes. Den Wölfen selbst bin ich dankbar, dass sie mein persönliches Verhältnis zur Natur neu definiert haben. Ich hoffe fest, dass meine Bilder dazu beitragen können, die Wölfe in einem neuen Licht zu sehen und sie besser zu verstehen. Es gibt noch ganz viel zu lernen. Letztendlich formulierte es keiner besser als Aldo Leopold:

„Nur der Berg hat lange genug gelebt,
um das Heulen der Wölfe sachlich deuten zu können.“

Peter A. Dettling

Wolfs-Patenschaften

Ob Diskussionen über Alphastatus, Futterrangordnung, Führungsverhalten, Welpenaufzucht und Fürsorge oder den Austausch von Kommunikationssignalen: Jeder erzählt etwas anderes über Wölfe und verunsichert den einfachen Hundehalter immer mehr. Durch eine Patenschaft für Nanuk (siehe S. 163) oder Fluffy (Foto links) hat jeder die Möglichkeit, immer wieder neue Feldforschungsergebnisse aus erster Hand zu erhalten.
Übrigens: Eine Wolfspatenschaft ist auch eine ausgefallene Geschenkidee für Geburts- und Namenstage oder auch zu Weihnachten!
Nähere Informationen erhalten Sie unter:
www.hundefarm-eifel.de
Email: canidexpert@aol.com
Tel.: 02257 / 952 661
Fax: 02257 / 952 660

Wolfsbilder & Kalender

Alle im Buch vorkommenden Bilder können beim Fotografen in allen verschiedenen Größen, samt Originalunterschrift bestellt werden. Auch jährlich erscheint ein Wandkalender passend zum Buch. Nähere Informationen erhalten Sie unter:
www.peter-a-dettling.com
Email: padphotography@shaw.ca
Tel.: ++41 (0)81 949 19 33
Fax: ++41 (0)81 949 16 72

Landkarten 1986–2008

Die Landkarte 1 zeigt das Studiengebiet. Die Karten 2–8 vermitteln nur einen grob skizzierten Überblick bezüglich der zweiundzwanzigjährigen Entwicklungshistorie verschiedener Wolfsterritorien im BNP, Peter Lougheed Provincial Park und Kootenay NP. Wolfsreviere sind dynamisch, überlappen regelmäßig, ihr Grenzverlauf wechselt häufig. Der Aktionsradius aller Familienclans beinhaltet auch Areale außerhalb von Nationalparks, wo Wölfe aus Gründen des „Wildlife-Managements" bis zum heutigen Tag legal erschossen, bzw. in Bein- und Schlingfallen getötet werden dürfen. Da deren tägliches Überleben auch innerhalb von Schutzgebieten nicht gesichert ist, konzentriert sich dieser Bildband auf die Lebensgeschichte der Bowtal-Wölfe, ihre Abwanderer und Familienneugründer.

Ausblick: Die Territorien aller sechs Wolfsfamilien bleiben trotz enormer Populationsschwankungen bestehen. Innerhalb der letzten 20 Jahre nahm der Wolfsbestand im Bowtal nach ersten erfolgreichen Rekolonisierungsjahren bis auf kurzfristige Erholungen insgesamt rapide ab, von geschätzten zwanzig Tieren Anfang der Neunziger Jahre auf sechs Wolfsindividuen (ohne Leitweibchen) mit Ablauf des Jahres 2008. Ihre Zukunft bleibt wie die des Grizzly-Bären besorgniserregend. Auch die Bestandszahlen an Beutetieren zeigen aufgrund menschlichen Einflusses einen deutlichen Abwärtstrend. Allein im letzten Winter (November 07 bis März 08) fanden auf dem CP-Bahngleis und im Straßenverkehr geschätzte fünfzehn Hirsche, bis zu dreißig Rehe und mehrere Elche den Tod.

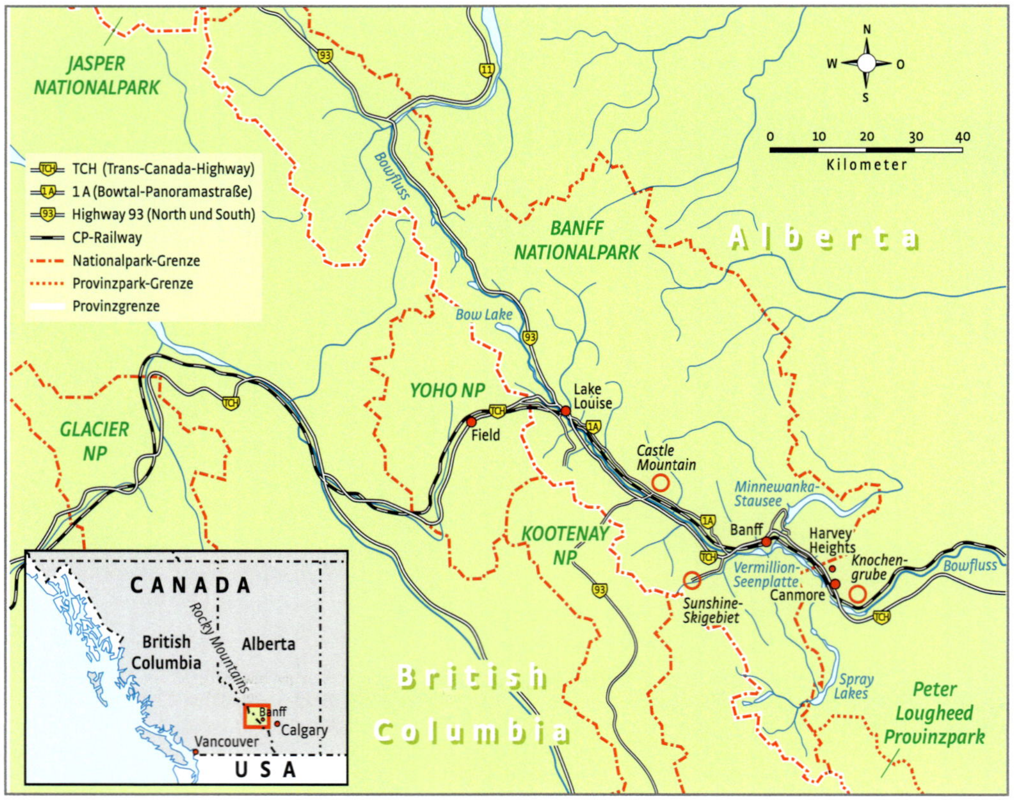

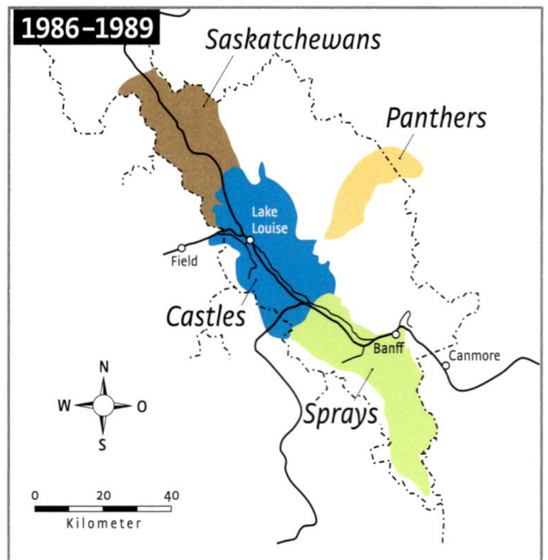

1986–1989 Im Bowtal haben sich erstmals zwei Wolfsfamilien etabliert: Die „Castles" und die „Sprays". Erstere entstanden u.a. vermutlich aus ehemaligen Mitgliedern der „Saskatchewans" und „Panthers". Eine Existenz weiterer Familien im Hinterland von BNP ist wahrscheinlich, aber nicht eindeutig belegt.

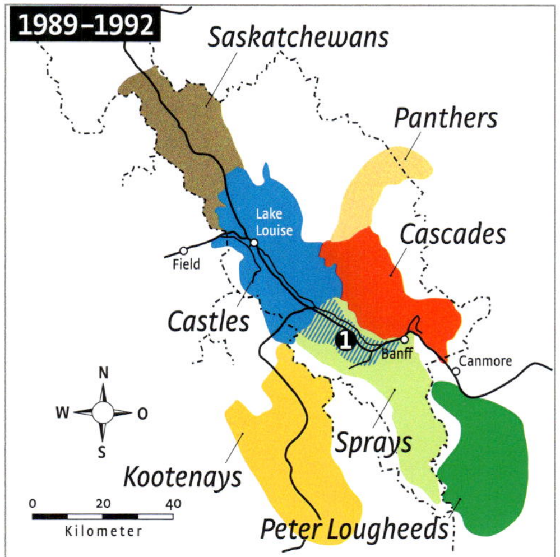

1989–1992 Im Winter 1990 etabliert sich der „Peter Lougheed-Clan", der sich u.a. aus Spray-Mitgliedern rekrutiert. Betty von den „Sprays" gründet im Winter 1991/92 die „Cascades". Die „Castles" weiten ihren Aktionsradius aus. Die „Saskatchewans" und „Panthers" sind ebenso fest etabliert wie die „Kootenays", deren Familie u.a. aus Abwanderern der „Peter Lougheeds" und „Sprays" besteht. ❶ Territoriumsüberlappung

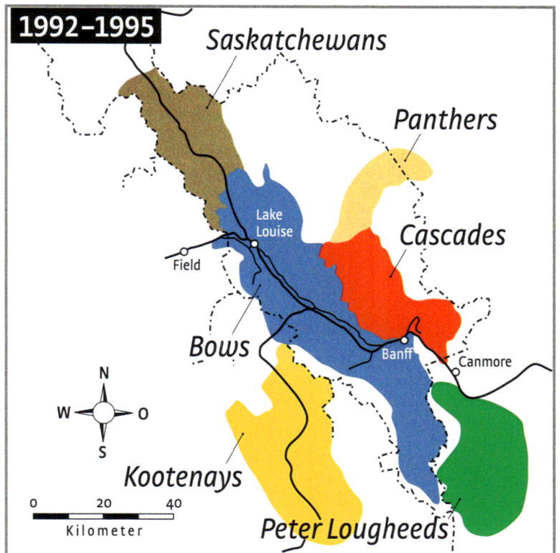

1992–1995 Im Winter 1992/93 etabliert sich ein neuer Einheitsverband, die „Bows", der sich u.a. aus Mitgliedern der „Castles" und „Sprays" zusammensetzt. Aster avanciert zum Leitweibchen. Die „Cascades" und „Panthers" existieren ebenso weiter, wie die „Peter Lougheeds", „Saskatchewans" und „Kootenays".

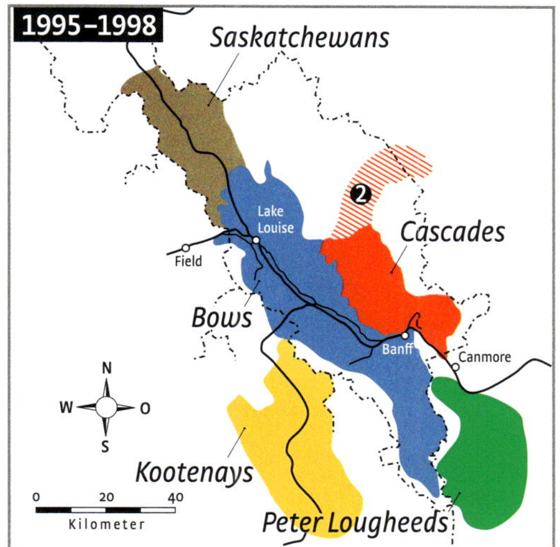

1995–1998 Die „Bows" bauen ihren Aktionsradius aus, stehen im losen Kontakt mit Mitgliedern der „Saskatchewans", „Peter Lougheeds" und „Kootenays". Im Winter 1997/98 expandieren die „Cascades" in das Hoheitsgebiet der „Panthers", formen einen Einheitsverband.

❷ Territoriumserweiterung

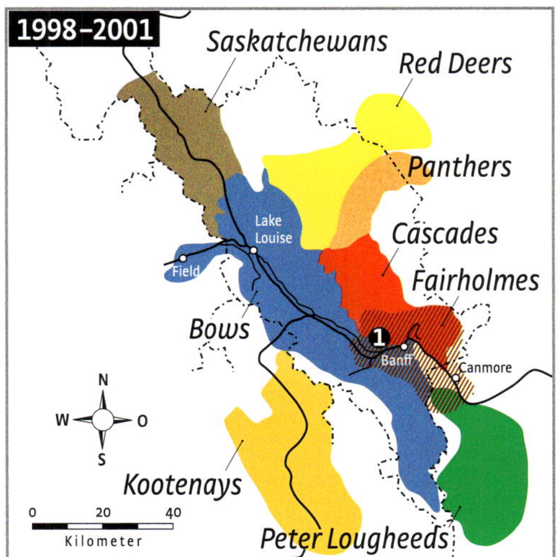

1998–2001 Eine Splittergruppe der „Cascades" gründet im Winter 1999/00 die „Fairholmes", eine andere die „Red Deers". Die Reviere der „Saskatchewans", „Bows" und „Kootenays" bleiben etabliert. Die „Peter Lougheeds" zeigen Zerfallserscheinungen, die „Panthers" reorganisieren ihre Familienstruktur. ❶ Territoriumsüberlappung

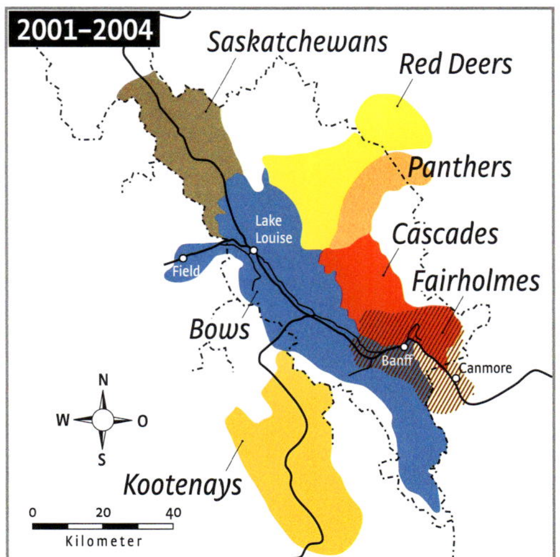

2001–2004 Die Reviere der „Red Deers", „Panthers", „Cascades" und „Saskatchewans" bleiben etabliert, die der „Peter Lougheeds" und „Fairholmes" lösen sich auf. Zwischenzeitlich findet ein mehrfacher Austausch von Mitgliedern der „Fairholmes", „Bows" und „Kootenays" statt. In dessen Verlauf existieren nur die beiden letzteren Familien weiter, die „Fairholmes" stehen aufgrund niedriger Bestandszahlen kurz vor dem Aus.

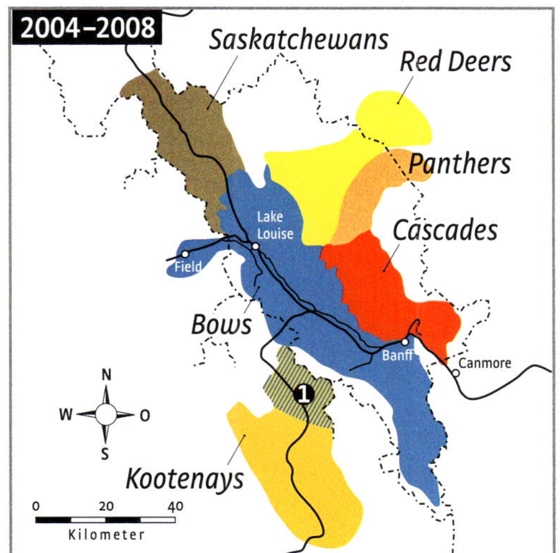

2004–2008 Im Winter 2004/05 vereinigen sich vermutlich die letzte Fairholme-Wölfin (April) und Einzelwolf Nanuk zu den neu formierten „Bows". Die Reviere der „Red Deers", „Panthers", „Cascades" und „Kootenays" bleiben bestehen. Vermutlich eine Abwanderin der „Saskatchewans" (Delinda) paart sich 2006 mit dem letzten Bow-Wolf (Nanuk). ❶ Territoriumsüberlappung der Bows und Kootenays

Wolfsbestandsentwicklung und Welpenzahl im Bowtal (1988–2008)

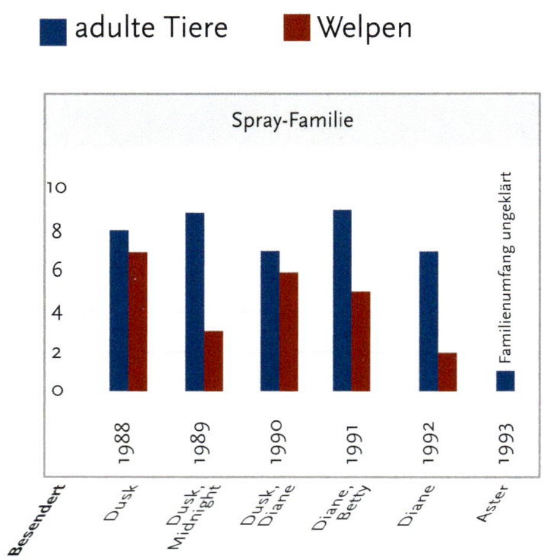

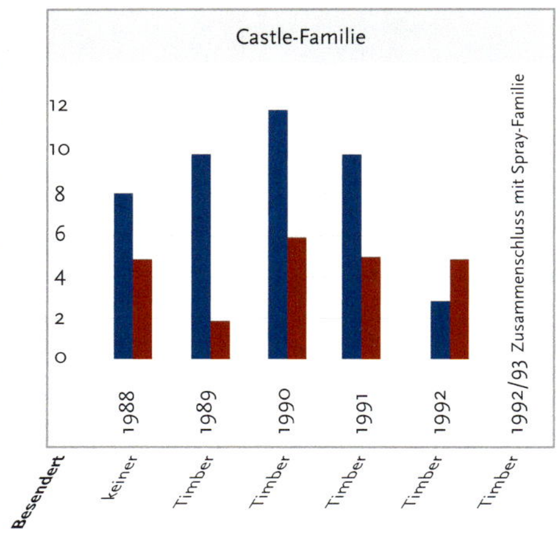

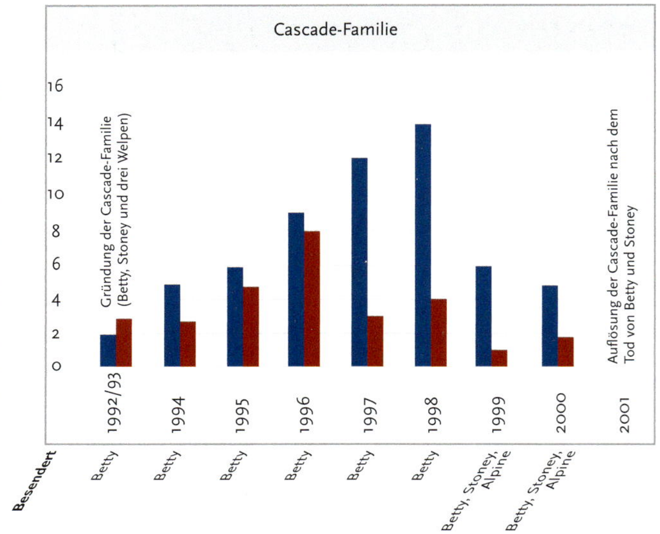

Quellen Bowtal-Familie: Banff National Park Canid Ecology Study, John/Paul & Associates,1990; Banff Bow Valley Study, Banff Bow Valley Task Force, Parks Canada, 1995; Ecological Outlook, Banff Bow Valley Study, Final Report, edited by: Green, J. & C. Pacas & L. Cornwell & S. Bayley, 1996; Den Site Monitoring, Summary Report 1988-2000, Bloch,G. & C. Callaghan, Central Rockies Wolf Project, 2000; Callaghan, C.: The Ecology of Gray Wolf (Canis lupus): Habitat Use, Survival and Persistence in the Central Rocky Mountains, Canada, Ph.D. Thesis, Dept. of Zoology, University of Guelph, 2002

Quellen der anderen Familien: Bloch, G. & K.: Timberwolf, Yukon & Co., Kynos-Verlag, 2002 Wasylyk, J: Wolf-Prey Ecology Monitoring in BNP, Progress Report 2001-2002, Banff Warden Service, 2002

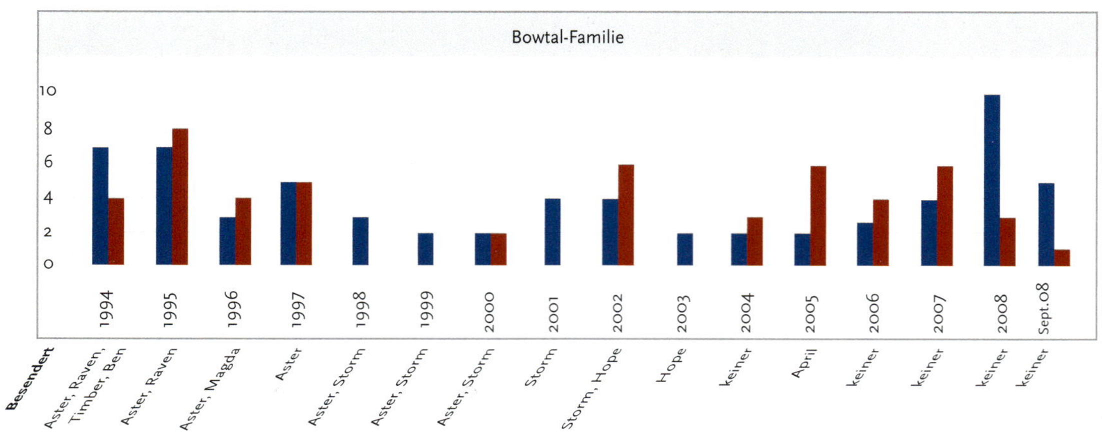

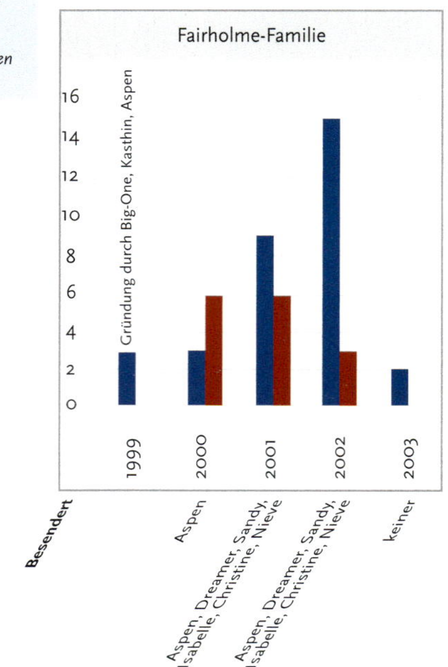

Todesursachen und Abwanderungsverhalten von Wölfen im Bowtal (1986–2008)

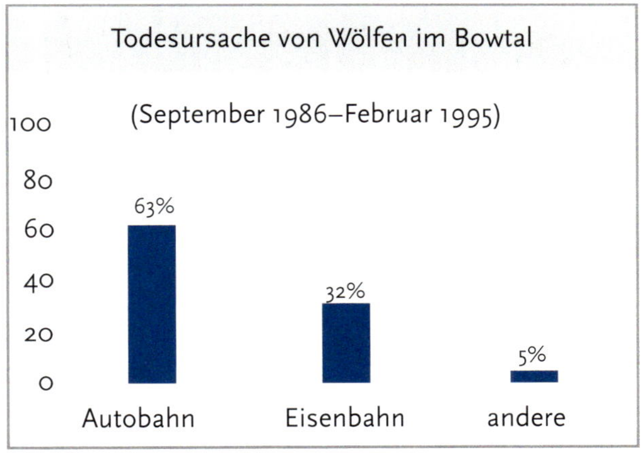

getötete Wölfe n=19

nur bekannte Wölfe, keine Gesamtzahl, keine verletzten Tiere

Quelle: Banff Bow Valley Study, Banff Bow Valley Task Force, Parks Canada, 1995

Todesursache von Wölfen im Bowtal (1986-1989)

Datum	Todesursache	Geschlecht	Alter
Sep 86	Autobahn	weibl.	Welpe
Jan 87	Autobahn	männl.	Adultes Tier
Nov 87	unbekannt	weibl.	Adultes Tier
Mai 88	Autobahn	männl.	Adultes Tier
Mai 88	Eisenbahn	weibl.	Adultes Tier
Jul 88	Autobahn	männl.	unbekannt
Sep 88	Autobahn	männl.	Adultes Tier
Jul 89	Autobahn	weibl.	Adultes Tier
Jul 89	unbekannt	unbekannt	Welpe
Dez 89	Autobahn	männl.	Welpe

Quelle: Banff National Park Canid Ecology Study, First Progress Report, John/Paul & Associates: Paquet P. C. & D. Huggard & S. Curry, 1990.

Todesursachen von Wölfen im Bowtal (1990-1993)

	Todesursache	Geschlecht	Alter
Okt 90	Autobahn	weibl.	Adultes Tier
Jan 91	Eisenbahn		Welpe
Mai 91	Autobahn	weibl.	Adultes Tier
Okt 91	Eisenbahn	männl.	Adultes Tier
Aug 92	Autobahn	weibl.	Adultes Tier
Jan 93	Autobahn	männl.	Welpe
Apr 93	Eisenbahn	männl.	Adultes Tier
Jun 93	Eisenbahn	weibl.	Adultes Tier

Quelle: Paquet, P. C.: Ecological Studies of Recolonizing Wolves in the Central Rocky Mountains, Final Report 1989-1993, John/Paul & Associates, 1993

Abwanderungen im Banff Nationalpark (1992-2008)

Datum	Wolf	Familie	Geschlecht	Abwanderung
Jan 92	Betty	Sprays	weibl.	Gründerin der Cascades
Mär 94	Timber	Castles	männl.	neues Mitglied der Bows
Feb 95	Ben	Bows	männl.	verlässt BNP
Jun 95	Raven	Bows	männl.	verlässt BNP
Apr 97	Magda	Bows	weibl.	verlässt BNP
Feb 99	Mariah	Bows	weibl.	neuesLeitweibchen der Red Deers
Feb 99	Chinook	?	weibl.	?
Nov 01	Hope	Fairholmes	weibl.	neues Leitweibchen der Bows
Feb 02	Nieve	Fairholmes	weibl.	verlässt BNP
Aug 02	Nisha	Bows	weibl.	verlässt BNP?
Mär 03	Kashtin	Fairholmes	weibl.	verlässt BNP
Sep 03	Hope	Bows	weibl.	neues Leitweibchen der Kootenays
Mai 08	Chinook	Bows	weibl.	verlässt BNP nach Kootenay NP
Sep 08	Lakota	Bows	männl.	verlässt BNP?

Quellen: Callaghan, C.: The Ecology of Gray Wolf (Canis lupus): Habitat Use, Survival and Persistence in the Central Rocky Mountains, Canada, Ph.D. Thesis, Dept. of Zoology, University of Guelph, 2002; Bloch, G. & K.: Timberwolf, Yukon & Co., Kynos-Verlag 2002; Bloch, G. & P. A. Dettling: Auge in Auge mit dem Wolf, 2009; Den Site Monitoring, Summary Report 1988-2000: Bloch, G. & C. Callaghan, Central Rockies Wolf Project, 2000.

Dominanzmatrix aller Dominanzbeziehungen der Bows (Beispiel)

Häufigkeitszählung aller Dominanzbeziehungen der „Bows"
(Nov. 2007 – Aug 2008)

n = 670	Sender									
Empfänger	**Delinda**	**Nanuk**	**Lakota**	**Chinook**	**Fluffy**	**Sundance**	**Ranger**	**White Fang**	**Silvertip**	**Mickey**
Delinda		2	0	0	0	0	0	0	0	1
Nanuk	5		2	0	0	0	0	2	3	2
Lakota	8	11		1	2	1	3	2	2	2
Chinook	34	9	6		19	6	2	5	5	5
Fluffy	31	12	5	3		7	4	8	2	6
Sundance	29	12	4	2	21		3	6	3	3
Ranger	30	10	8	4	27	18		6	8	9
White Fang	11	24	13	1	8	3	1		3	4
Silvertip	13	29	16	0	6	7	2	10		2
Mickey	24	17	9	1	19	11	1	9	5	
Total	185	126	63	12	102	53	16	48	31	34

Oben (Sender) stehen die Individuen, die den Freiraum anderer Familienmitglieder klar begrenzten. Links (Empfänger) stehen die Individuen, die die Bewegungseinschränkung/Bewegungskontrolle klar akzeptierten.

Famililienstruktur der Bows
(Nov. 2007–Aug. 2008)

Delinda (Mutter),	geb. April 2003
Nanuk (Vater),	geb. April 2002
Lakota (adulter Wolf),	geb. April 2006
Chinnok (adulte Wölfin),	geb. April 2006
Fluffy (juvenile Wölfin),	geb. April 2007
Sundance (juvenile Wölfin),	geb. April 2007
Ranger (juvenile Wölfin),	geb. April 2007
White Fang (juveniler Wolf),	geb. April 2007
Silvertip (juveniler Wolf),	geb. April 2007
Mickey (juvenile Wölfin),	geb. April 2007

Die Dominanzmatrix ist als Beispiel zu verstehen, um darzustellen, dass eine lineare Sozialrangordnung schwerlich nachzuweisen ist. Wie die Tabelle zeigt, engen Familienmitglieder ***geschlechtsunabhängig*** *Bewegungsfreiräume ihrer Beziehungspartner ein. In jeder Wolfsfamilie ist ein ungeklärtes „soziales Mittelfeld" beobachtbar, Dominanzbeziehungen verändern sich häufig.*

Survivor, ein sieben Monate alter Rüde, prügelt auf Fluffy, ein neunzehn Monate altes Weibchen, ein – als Beweis für geschlechtsunabhängiges Konfliktpotenzial in einer Wolfsfamilie.

Hirsch-Bestandsentwicklung und diverse Todesursachen von Beutetieren (1985–2002)

Hirsch-Bestandsentwicklung (1985–1991)

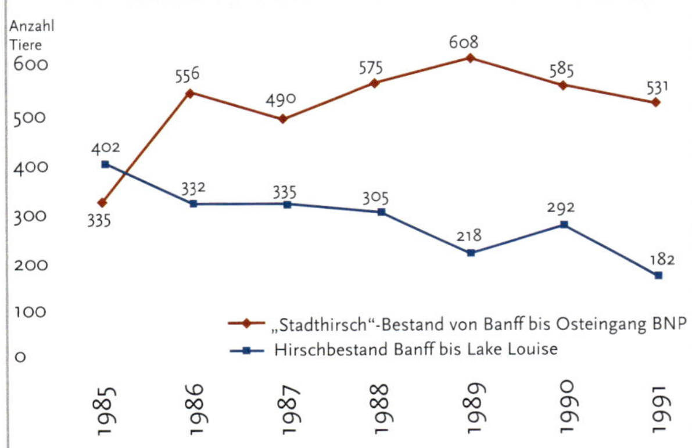

Quelle: Kurnelius, R.: Bow Valley Elk Status, BV.Rev., letter to M. Gibeau, 1991

Hirsch-Bestandsentwicklung (1990/91–2000/01)

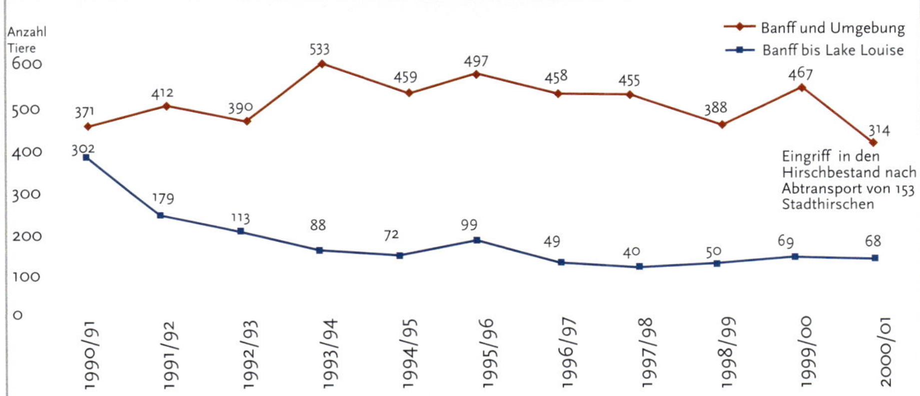

Quelle: Hebblewhite, M.: Wolf and Elk Predator-Prey Dynamics in BNP, Masters of Science Thesis, Wildlife Biology, School of Forestry, University of Montana, 2000

Todesursachen von Hirschen im Bowtal (1985–1992)

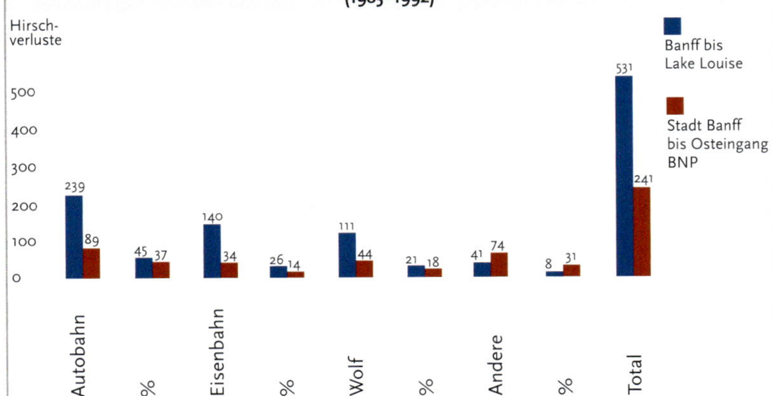

Quelle: Ecological Outlook, Banff Bow Valley Study, Final Report 1996, edited by: Green, J. & C. Pacas & L. Cornwell & S. Bayley, 1996

Tötungen von Hirsch, Reh und Dickhornschaf, bzw. Kadaverabstauben durch die Bows und Fairholmes (2000–2001)

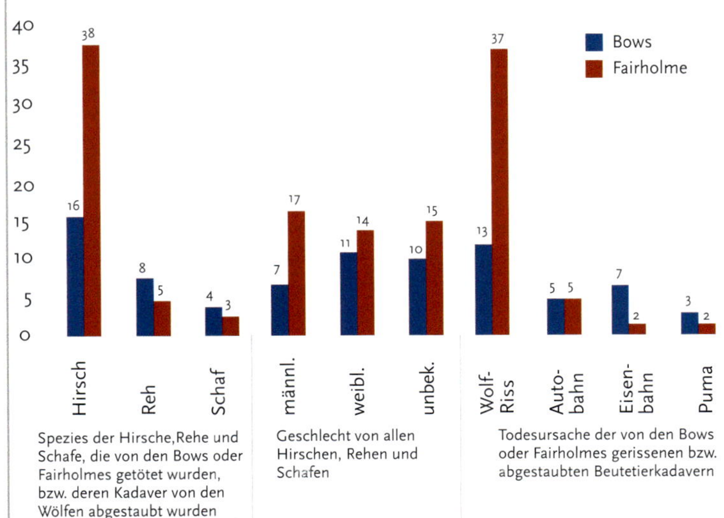

Quelle: Wasylyk, J.: Wolf Prey Ecology Monitoring in BNP, Progress Report 2001-2002, Banff Warden Service, 2002

Literatur

Asa, C.; D. L. Mech & U. Seal: **The use of urine, faeces and anal-gland secretion in scent-marking by a captive wolf pack.** Animal Behaviour 33, pp. 1.034-1.036, 1985

Bekoff, M.: **Scent marking by free ranging domestic dogs, olfactory and visual components.** Biol. Behaviour 4, pp. 123-139, 1979

Bekoff, M.: **Minding animals. Awareness, emotions and heart.** Oxford University Press, 2002

Bekoff, M.: **Animal passions and beastly virtues. Reflections on redecorating nature.** Temple University Press, 2006

Bekoff, M.: **The emotional lives of animals.** New World Library, 2007

Bernard, J., D. C. Pacas & N. Marshall eds: **Banff bow valley study. State of the Banff Bow Valley Report.** Compiled by 1995

Bernard, J. & J. Packard: **Differences in winter activity, courtship and social behaviour of two captive family-groups of mexican wolves.** Zoo. Biology 16, pp. 435-443, 1997

Bloch, G.: **Ein Juni mit Wölfen in der Bergwelt Kanadas.** Report 1999. Hunde-Farm "Eifel", 1999

Bloch, G.: **Alpha-concept, dominance and leadership in wolf-families.** Hunde-Farm "Eifel", 2001

Bloch, G. & K.: **Timberwolf Yukon & Co,** Kynos-Verlag, 2002

Bloch, G.: **The influence of highway traffic on movement patterns of the bow valley wolf-pack.** Hunde-Farm "Eifel", 2002

Bloch, G.: **Untersuchungen zum interaktiven Verhalten zwischen Wolfseltern und ihren Welpen in drei typischen Lebenssituationen.** Hunde-Farm "Eifel", 2005

Bloch, G.: **Langzeituntersuchungen zum Führungsverhalten von zwei Wolfsfamilien im BNP.** Hunde-Farm "Eifel", 2006

Bloch, G.: Kyn. **Langzeituntersuchungen an der Bowtal-Wolfsfamilie zur präziseren Bewertung des Begriffs Futterrangordnung.** Hunde-Farm "Eifel", 2006

Bloch, G.: **Die Pizza-Hunde.** Kosmos-Verlag, 2007

Bloch, G.: **Der Wolf im Hundepelz.** Kosmos-Verlag, 2004

Bloch, G. & C. Callaghan: **Den site monitoring. Summary Report 1988-2000,** Central Rockies Wolf Project, 2000

Bruce, C.: **Ecomonic factors effecting BNP.** In: Green, J. et al (eds), Ecological Outlooks Project, Banff Bow Valley Study, Chapter 9, 1996

Callaghan, C.: **The ecology of gray wolf: Habitat use, survival and persistence in the central rocky mountains, Canada.** Ph.D. Thesis, Dept. of Zoology, University of Guelph, 2002

Carbyn, L.: **Wolf Predation and behavioural interactions with elk and other ungulates in an area of high prey diversity.** Canadian Wildlife Service Report, Edmonton, 223 pp, 1974

Coppinger R. & L.: **Hunde.** Animal Learn, 2002

Coscia, E.: **Homesite monitoring of a wolf pack in BNP.** Research Report 1990, Dept. of Psychology, Dalhousie University, 1991

Creel, S. F.: **Dominance, agression, and corticoid levels in social carnivores.** Journal of Mammalogy 86 (2), pp. 255-264, 2005

Damas & Smith, D.: **Wildlife mortality in transportation corridors in Canada´s National Parks.** Prepared for SPS. Typed. 1982

Darwin, C.: **The origin of species. Facsimile of first edition, London:** Watts, Davis, Simon J. & Francois R. Valla, 1978

DeWaal, F.: **Good natured. The origins of right and wrong in Humans and other animals.** Harvard University Press, 1996

Duke, D.; M. Hebblewhite; P. C. Paquet & C. Callaghan: **Restoration of a large carnivore corridor in BNP:** In: D. Maehr: Carnivore restoration. Island Press, 2001

Ellis, C.: **Rocky Mountain Outlook** 06.05, p.5 & Outlook 09.18, p. 11, 2008

Enquist, M: **Communication during aggressive interactions with particular reference of variation in choice of behaviour.** Animal Behaviour 33, pp.1152-1162, 1985

Feddersen-Petersen, D.: **Hundepsychologie.** Kosmos-Verlag, 2004

Feddersen-Petersen, D.: **Ausdrucksverhalten beim Hund.** Kosmos-Verlag, 2008

Fogle, B.: **The dog's mind. Understanding your dogs behaviour.** Howell Book House, 1992

Gansloßer, U.: **Säugetierverhalten.** Filander-Verlag, 1998

Gansloßer, U.: **Verhaltensbiologie für Hundehalter.** Kosmos-Verlag, 2007

Gansloßer, U.: **Dogs 5-2008,** pp. 110-113.

Gibeau, M.: **Use of urban habitats by coyotes in the vicinity of Banff.** Master of Sciences Thesis; University of Montana, 1997

Gorman, M.L. & M. Mills: **Scent marking strategies in hyaenas.** Journal of Zoology 202, pp.535-547, 1983

Green, J. & C. Pacas, L. Cornwell & S. Bayley (eds.): **Ecological Outlooks Project. Prepared for the Banff Bow Valley Study**, Dept. of Heritage, Ottawa, 1996

Halfpenny, J.: **Yellowstone wolves in the wild.** Riverband Publicing, 2003

Hebblewhite, M.: **Wolf-prey ecology progress report 1998-1999.** Banff Warden Service, 1999

Hebblewhite, M.; S. Anderson; B. McCarthy & J. Wasylyk: **Wolf-prey ecology report 1999-2000.** Banff Warden Service, 2000

Hebblewhite, M: **Wolf and elk predator-prey dynamics in BNP.** Masters of Sciences Thesis, Wildlife Biology, University of Montana, 2000

Hebblewhite, M.; D. Pletcher & P. C. Paquet: **Elk population in areas with and without predation by recolonizing wolves in BNP;** 2002

Heinrich, B.: **Minds of raven.** Cliff Street Books, 2002

Hess, E.: Imprinting: **Early experiences and the developmental psychobiology of attachments.** D. van Nostrant Company, 1973

Holroyd, G. & K. Van Tighem: **Ecological (biophysical) land classification of Banff and Jasper NP. Volume 3.** The Wildlife Inventory, Canadian Wildlife Service, Edmonton, 661 pp.

Heuer, C: **Wildlife corridors around developed areas of BNP.** Parks Canada, Banff Warden Service, 1995

Immelmann, K.: **Einführung in die Verhaltensforschung.** 3. Auflage. Parey-Verlag, 1983

Kappeler, P.: **Verhaltensbiologie.** Springer-Verlag, 2006

Keith, L.: **Population dynamics of wolves in L. N. Carbyn (eds.): Wolves in Canada and Alaska.** Canadian Wildlife Report, No. 45, Ottawa, pp. 66-77, 1983

Klinghammer, E.: **Prägung und frühkindliche Erfahrung.** Ethology Series No. 8, NAWPF, 1994

Klinghammer, E.; P. Goodman & J. Willard: **Wolf ethogramm.** Ethology Series No.3, Eckhard Hess Institute of Ethology, 1994 und 2001

Kotrschal, K.: **Im Egoismus vereint?** Tiere und Menschentier – das neue Weltbild der Verhaltensforschung. Filander-Verlag, 2003

Kummer, H.: **Gruppenführung bei Tier und Mensch in evolutionärer Sicht.** In: Meier, H. (Hrsg.): Die Herausforderung der Evolutionsbiologie. Piper, pp. 173-192, 1988

Kurnelius, R.: **Methology for Bow Valley wolf monitoring.** Parks Canada Report, 6 pp., 1986

Kurnelius, R.: **Bow Valley elk status.** BVELK. Rev., letter to M. Gibeau, 1991

Lorenz, K.: **Das sogenannte Böse.** Zur Naturgeschichte der Aggression, 1963. Deutscher Taschenbuch-Verlag, Neuauflage 2004

McAllister, I.: **The last wild wolves.** Greystone Books, 2007

Mcdonald, D.: **Sozioökologie.** In: U. Ganslоßer & C. Sillero-Zubiri: Wilde Hunde. Filander-Verlag, 2006

McIntyre, R.: **A personal reflection of the end of an era.** In: Smith et al., Yellowstone Wolf Project, Annual Report 2004, pp. 6-7, 2005

McNay, M.: **Wolf attack.** In: Canadian Geographic 12/2006, pp. 38-39, 2006

Mech, L. D.: **The wolf.** The ecology and behaviour of an endangered species. University of Minnesota Press, 1970 und 1977

Mech, L. D.: **The arctic wolf.** Living with the pack. Key Porter Books, 1988

Mech, L. D. et al.: **The wolves of denali.** University of Minnesota Press, 1998

Mech, L. D.: **Alpha status, dominance, and division of labor in wolf packs.** Canadian Journal of Zoology 77, 1999

Mech, L. D.: **Leadership in wolf packs.** Canadian Field Naturalist 114, pp. 33-39, 2000

Mech, L. D. & L. Boitani: **Wolves.** Behaviour, ecology and conservation. University of Chicago Press, 2003

Messier, F.: **On the functional and numerical responces of wolves to changing prey density.** In: L. Carbyn, S. Fritts & D. Seip (eds.): Ecology and conservation of wolves in a changing world, pp. 187-197, 1995

Mickle, D.; G. Fortin & R. Kurnelius: **Status of wolves in BNP.** Parks Canada, BNP Warden Service, 38 pp., 1986

Nickel, R.; A. Schummer & E. Seiferle: **Lehrbuch der Anatomie der Haustiere.** Band 3 + 4, Paul Parey-Verlag, 1984, 1992

Paquet, P. C.; D. Huggard & S. Curry: In: **Banff National Park canid ecology study.** First Progress Report 1989-1990

Paquet, P. C.: **Ecological studies of recolonizing wolves in the central Canadian Rocky Mountains.** Final Report 1989-1993, John/Paul & Associates, 1993

Paquet, P. C. & C. Callaghan: **Effects of linear developments on winter movements of gray wolves in the Bow Valley of BNP.** Proceedings of the Transportation Related Wildlife Mortality Seminar, Florida Dept. of Transportation Publication FL-ER, pp.58-96, 1996

Paquet, P. C.; J. Wierzchowsky & C. Callaghan: **Ecological Outlooks Project, Banff Bow Valley Study,** Dept. of Canadian Heritage, Ottawa, p.74 + appendices, 1996

Parks Canada: **Guiding principles and operational policies.** Dept. of Canadian Heritage, Ottawa, 1994

Peterson, R.: **The wolves of Isle Royale.** A broken balance. B&T Publications, 2008

Pulliainen, E.: **Behaviour and structure of an expanding wolf population in Karelia, Northern Europe.** In: Harrington, F. & P. C. Paquet (eds.): Wolves of the world. PP. 134-145, 1982

Purves, H.; C. White & P. C. Paquet: **Wolf and grizzly bear habitat use and displacement by human in Banff Yoho and Kootenay National Parks.** Canadian Parks Service, 54 pp., 1992

Radinger, Elli H.: **Die Wölfe von Yellowstone.** Verlag Peter Von Doellen, 2004

Radinger, Elli H.: **Wolfsangriffe – Fakt oder Fiktion?** Verlag Peter Von Doellen, 2004

Rothman, R. & L. D. Mech: **Scent-marking in lone wolves and newly performed pairs.** Animal Behaviour 27, pp. 750-760, 1979

Sambraus, H.: **Grundbegriffe im Tierschutz.** In: Das Buch vom Tierschutz. S. 31-36, Ferdinand Enke-Verlag, 1997

Sands, J. & S. Creel: **Social dominance, aggression and daecal glucocorticoid levels in a wild population of wolves.** Animal Behaviour 67, pp. 387-396, 2004

Scotter, G. & T. Ulrich: **Mammals of the Canadian Rockies.** Fifth House Publishers, 1995

Sillero-Zubiri, C. & D. Mcdonald: **Scent-marking and territorial behaviour of Ethopian wolves.** Journal of Zoology 245, pp. 351-361. 1998

Smith, D.; D. Stahler & D. Guernsey: **Yellowstone wolf project.** Annual Reports 2002 to 2008. National Park Service, Yellowstone Center for Resources.

Stephan, I.: **Urinuntersuchungen beim gesunden Hund.** Universität Hannover, Dissertation, 1996

Stoehr, V.: **Olfaktorische Kommunikation bei Hunden.** Diplomarbeit, Philipps Universität Marburg, Zoologie, 2008

Talacek, K.: **Dominanzverhalten unter juvenilen Wölfen in einer gewachsenen, altersstrukturierten Gruppe.** Diplomarbeit, Christian Alberts Universität Kiel, 2005

Theberge, J. & M.: **Wolf country: 11 years tracking the algonquin wolves.** McClevelland & Stewart Inc., 1998

Thurber, J. & R. Peterson: **Effects of population density and pack size on the foraging ecology of gray wolves.** Journal of Mammalogy 74, pp. 879-889, 1993

Van Thighem, K.: **Rocky Mountain Outlook 2008,** 06.05, p. 15, 2008

Wehnelt, S. & Beyer, P.: **Ethologie in der Praxis.** Filander-Verlag, 2002

White, C.; C. Kay & M. Feller: **Aspen forest communities: a key indicator of ecological integrity in the Rocky Mountains.** International Conference on Science and the Management of Protected Areas 3, pp. 606-517, 1998

White, C.: **Aspen, elk, and fire in the Canadian Rocky Mountains.** Dissertation, Dept. of Forest Sciences, University of British Columbia, 2001

Wilkinson, T.: **Track of the coyote.** NorthWord Press, 1995

Wilson, E.: **The human bond with other species.** Cambridge University Press, 1984

Woods, J.: **Ecology of a partially migratory elk population.** Ph. D. Thesis, University of British Columbia, 1991

Zimen, E.: **Wölfe und Königspudel.** Piper-Verlag, 1974

Zimen, E.: **Der Hund – Abstammung, Verhalten, Mensch und Hund.** Bertelsmann, 1988

Zimen, E.: **Ethologie Wolf und Hund.** ATN-Publikationen 1998, 2001

Zimen, E.: **Der Wolf.** Kosmos-Verlag, 2003

Adressen

Hunde-Farm „Eifel“
Das Caniden-Verhaltenszentrum
Von-Goltstein-Str. 1
D – 53902 Bad Münstereifel-Mahlberg
www.hundefarm-eifel.de

Gesellschaft zum Schutz der Wölfe e. V.
Indersdorfer Str. 51
D – 85244 Großinzemoos
Tel.: 08139 / 1666
Peter.Blanche@gzsdw.de
www.gzsdw.de

Elli Radinger / Wolf Magazin
Blasbacher Str. 55
D – 35586 Wetzlar
info@elli-radinger.de
www.elli-radinger.de / www.yellowstone-wolf.de

Danke

Paul Paquet möchten wir für all seine weisen Ratschläge und rege Mitarbeit zum Buchmanuskript und für sein Vorwort danken.
Karin und ich sind froh, seit Jahren für das „Large Carnivore Monitoring Project" von Mike Gibeau unermüdlich Daten sammeln zu dürfen. Ohne Mikes Bereitstellung von „uralten" Forschungsberichten, die leicht vergilbt im Archiv lagen, und seine Anmerkungen, wäre dieser Bildband unvollständig. Dank auch an Elli Radinger, Udo Gansloßer und Jim Brandenburg für ihre Unterstützung.

In Peter Dettling haben wir nach langem Suchen endlich einen Seelenverwandten gefunden. Bevor irgendein Name unerwähnt bleibt, danken wir lieber generell allen Menschen, die uns über Jahre in der Feldforschung weitergeholfen haben.
Wölfe beobachten uns, nicht umgekehrt. Danke für euer Vertrauen.
Letztlich darf unser ständiger Begleiter Jasper nicht unerwähnt bleiben, der uns seine Urahnen stets besonnen anzeigt, bevor wir überhaupt wissen, was los ist.

Bildnachweis
Mit 166 Farbfotos von Peter A. Dettling (www.terramagica.ca)

Weitere Farbfotos von Günther Bloch (16: S. 37, 47, 52, 54, 56, 66, 69 unten, 76, 79 links, 81, 84 links, 95 oben links, 98 links, 102) und Paul Paquet (6: S. 5 oben, 14, 15, 25 unten rechts, 57, 61). Mit 8 Illustrationen von Wolfgang Lang (S. 166/167). Übersetzung aus dem Englischen: Ralf Widmann (S. 5) und Peter A. Dettling (S. 6/7).

Impressum
Umschlaggestaltung von eStudio Calamar unter Verwendung von fünf Farbfotos von Peter A. Dettling.

Mit 188 Farbfotos und 8 Farbzeichnungen.

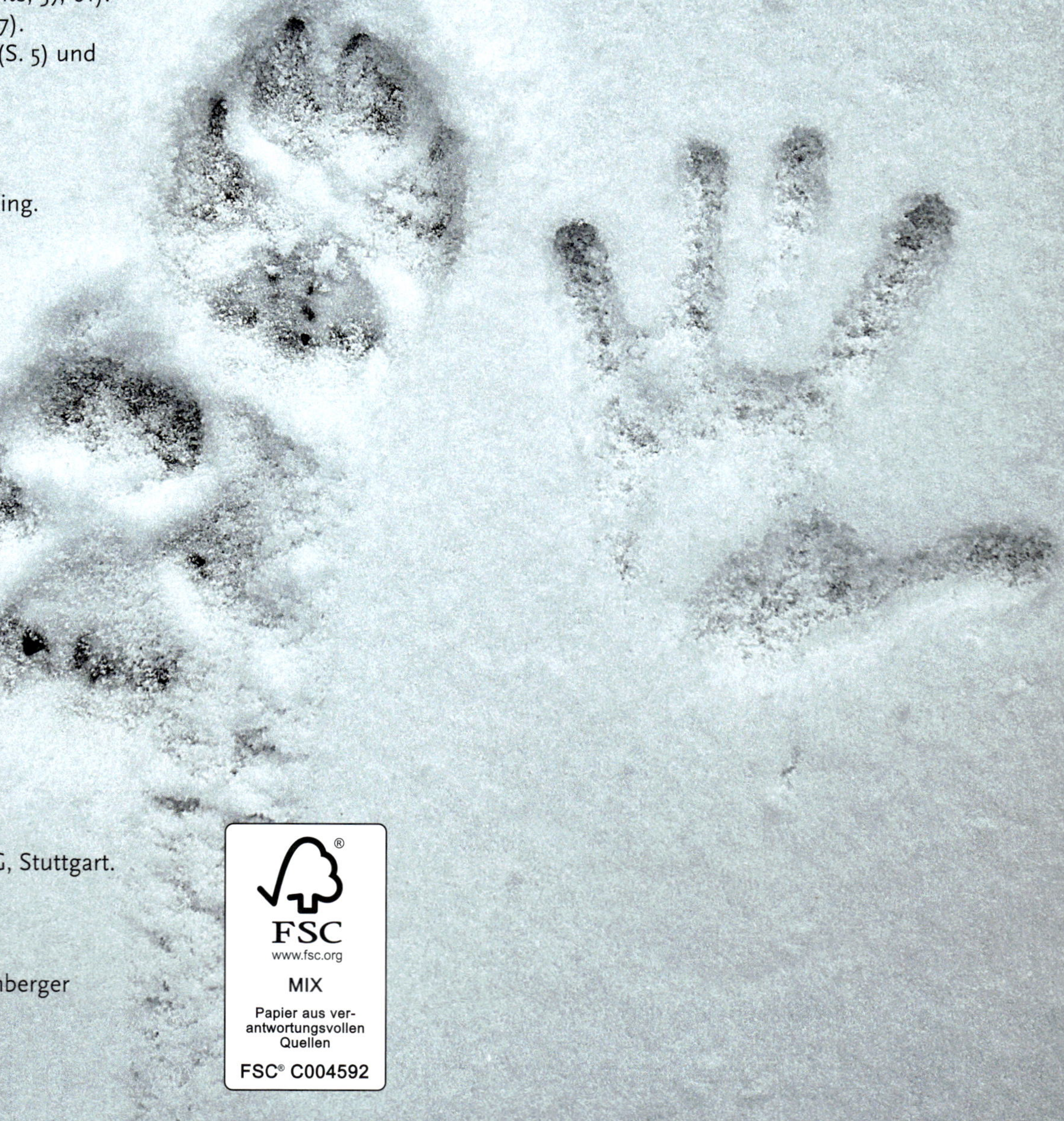

Alle Angaben in diesem Buch erfolgen nach bestem Wissen und Gewissen. Sorgfalt bei der Umsetzung ist indes dennoch geboten. Autor und Verlag übernehmen keinerlei Haftung für Personen-, Sach- und Vermögensschäden, die aus der Anwendung der vorgestellten Materialien und Methoden entstehen können.

2. Ausgabe 2012

ISBN 978-3-440-13249-4
Redaktion: Hilke Heinemann
Gestaltungskonzept: Eva Schmidt/Christiane Bamberger
Gestaltung und Satz: akusatz, Stuttgart
Produktion: Eva Schmidt
Printed in Germany/Imprimé en Allemagne

FSC
www.fsc.org
MIX
Papier aus verantwortungsvollen Quellen
FSC® C004592